CÓMO
ALCANZAR
EL BIENESTAR
FISICO
Y EMOCIONAL
MEDIANTE
EL PODER
DE LA MENTE

Sept. 17/94.

HIJA:

¡ QUE DIOS TE BENDIGA !

QUE DERRAME SOBRE TU HOGAR EL
DON DE LA FÉ, DE LA HUMILDAD Y DEL
AMOR.

TU PAPÁ.

COMO ALCANZAR EL BIENESTAR FISICO Y EMOCIONAL MEDIANTE EL PODER DE LA MENTE

Joan Borysenko, Ph.D.

Directora de la Clínica para la Mente y el Cuerpo
Facultad de Medicina de Harvard

Traducción
Gisela Wulfers de Rosas

GRUPO
EDITORIAL
norma

Barcelona, Buenos Aires, Caracas,
Guatemala, México, Miami, Panamá, Quito, San José,
San Juan, Santafé de Bogotá, Santiago de Chile, Sao Paulo.

Edición original en inglés:
MINDING THE BODY, MENDING THE MIND
de Joan Borysenko, Ph.D., con la colaboración de Larry Rothstein.
Una publicación de Addison-Wesley Publishing Company, Inc.
Reading, Massachusetts 01867, U.S.A.
Copyright © 1987 por Joan Borysenko, Ph.D.

Las partes que aparecen en la página 167 son del libro
Heading Toward Omega de Kenneth Ring. Copyright © 1984, 1985 por Kenneth Ring.
Citado con autorización de William Morrow and Company.

El poema que aparece en la página 198 es del libro *The Kabir Book* de Robert Bly.
Copyright © 1971, 1977 por Robert Bly, y copyright © 1977 por The Seventies Press.
Citado con autorización de Beacon Press.

Primera reimpresión 1989
Segunda reimpresión 1990
Tercera reimpresión 1991
Cuarta reimpresión 1992
Quinta reimpresión 1992
Sexta reimpresión 1993
Impreso por Carvajal S. A.
Impreso en Colombia — Printed in Colombia
Agosto, 1993

Directora editorial, María del Mar Ravassa G.
Editor, Armando Bernal M.
Jefe de edición, Nancy Z. de Ujfalussy
Diseñadora de cubierta, Mónica Bothe

ISBN: 958-04-0734-7

A mi esposo, Myrin —
maestro, discípulo, amante y amigo.

Contenido

Prólogo

En el verano de 1968 tuve la buena suerte de conocer a la doctora Joan Borysenko; ella acababa de graduarse en el Bryn Mawr College y había aceptado el cargo de asistente de investigación en el mismo laboratorio fisiológico de la Facultad de Medicina de Harvard en el que yo hacía una pasantía. Trabajamos juntos en un proyecto cuyo objetivo era estudiar los efectos del estrés ambiental en la presión sanguínea de los monos. El equipo finalmente tuvo éxito, pues demostró no sólo que podíamos controlar la presión sanguínea de estos animales mediante el uso de técnicas de condicionamiento con base en sistemas de realimentación, sino también que éramos capaces de adiestrar a los monos para inducir y revertir una presión sanguínea alta. Después de aquel verano, la doctora Borysenko inició sus estudios de doctorado en otro campo — la biología celular.

En esa misma época yo acababa de iniciar mis estudios de Meditación Trascendental. Durante el siguiente decenio, y en colaboración con varios otros equipos, pude definir los cambios fisiológicos inducidos por la meditación, lo cual llevó finalmente a la definición de la respuesta de relajación. Establecimos también el valor de la respuesta de relajación en el tratamiento de la hipertensión y de otros trastornos relacionados con el estrés.

En 1978, la doctora Borysenko estaba dedicada a la investigación sobre el cáncer en el Departamento de Anatomía y Biología Celular de la Facultad de Medicina de Tufts, luego de haber finalizado su pasantía de postdoctorado en Patología Experimental. Ella ya había acatado la definición científica de la fisiología benéfica de la respuesta de relajación, al convertirse en practicante y profesora de meditación y yoga. La doctora Borysenko me llamó y me preguntó si sería posible que ella se asociara a nuestro laboratorio, que en aquel entonces se encontraba en el Beth Israel Hospital de Boston. Explicó que deseaba darle otro rumbo a su carrera científica, con el ánimo de lograr un mayor contacto con la investigación orientada hacia la respuesta de relajación y hacia otras acciones recíprocas del cuerpo y de la mente. Casualmente, nuestra Unidad de Medicina del Comportamiento acababa de recibir la primera de las donaciones que, para fines de capacitación, eran otorgadas por los Institutos Nacionales de Salud. La doctora Borysenko fue una de las primeras personas en capacitarse gracias a esta ayuda.

En septiembre de 1981, la doctora Borysenko y el doctor Ilan Kutz dieron comienzo a la Clínica para la Mente y el Cuerpo [Mind/Body Clinic]. El objetivo de esta clínica era capacitar a los pacientes, a fin de que ellos pudieran inducir la respuesta de relajación y, sobre esta base, agregar otros tratamientos sin medicamentos, los cuales incluían nutrición, ejercicios de estiramiento, y capacitación para tomar consciencia del estrés y adoptar una posición positiva frente a él. La doctora Borysenko se convirtió, poco tiempo después, en la directora de la clínica, y continuo con la tarea de complementar los tratamientos tradicionales, comprobados en el curso de los años, con los de la medicina moderna. La Clínica para la Mente y el Cuerpo ha alcanzado estándares de excelencia y logros terapéuticos que atraen a gente de todo el mundo, tanto a pacientes que acuden en busca de tratamiento como a profesionales médicos que buscan capacitación. La Clínica para la Mente y el Cuerpo es parte esencial de la sección de medicina del comportamiento.

Cómo alcanzar el bienestar físico y emocional mediante el poder de la mente es un libro muy interesante y ameno que presenta los métodos de tratamiento aplicados en la Clínica para la Mente y el Cuerpo. Al utilizar muchas historias de casos prácticos para dilucidar los principios más importantes de la clínica, este libro ofrece un amplio enfoque integrante basado en la respuesta de relajación y en las demás actividades de investigación realizadas en nuestra sección, combinado además con la cordialidad y la habilidad docente de Joan Borysenko. Tengo la certeza de que ahora, en virtud de esta obra, serán muchas más las personas que pueden encontrar ayuda.

Herbert Benson, M. D.
Boston

Introducción

Cuando yo tenía veinticuatro años, trabajaba en mi tesis de doctorado en la Facultad de Medicina de Harvard, investigando la forma
en que las células se mantienen adheridas entre sí. Vivía a base de
café y cigarrillos, cansada y sin un centavo, tratando de arreglár-
melas para hacerles frente a un matrimonio en dificultades y a un
hijo pequeño para el cual no disponía de tiempo suficiente. Yo era
una perfeccionista empedernida, que trataba de controlarlo todo y
de tener éxito en todo.

También estaba físicamente acabada. Había padecido jaquecas
toda la vida, pero en la universidad descubrí que la dura compe-
tencia había añadido intensos dolores estomacales y vómito a mi
lista de enfermedades psicosomáticas. Cuando era estudiante de
postgrado también me dio bronquitis aguda cuatro veces en el curso
de dos años, y mientras estudiaba para mis exámenes de doctorado
me vi abrumada por el dolor de cabeza y la fiebre. Como si fuera
poco, también comencé a sufrir de la hipertensión que aquejaba a
gran parte de mi familia.

Ese año se derrumbó mi matrimonio. Tenía ahora que levantar
a mi hijo sola, y sufría de desmayos y dolores abdominales que
fueron diagnosticados como colon espástico. Me prescribieron anti-
espasmódicos, pastillas para el dolor y tranquilizantes — todo sin
ningún efecto. Luego, una infección viral en la membrana pulmonar
me produjo un dolor sofocante que me llevó a la sala de urgencias
del hospital más cercano.

En aquel entonces no existía una Clínica para la Mente y el Cuerpo a la que hubiera podido acudir, pero tenía un amigo en el laboratorio donde realizaba mi investigación de doctorado, quien estaba emocionado con su nuevo pasatiempo — la meditación. La comparaba con una minivacación en la que podía desconectarse de sus preocupaciones y problemas y salir renovado y listo para enfrentar lo que se presentara. Mi primer pensamiento fue que la meditación era para los ascetas que vivían en cuevas. Yo era una científica obstinada que literalmente se estaba matando por dominar el arte del *establishment* médico.

Sin embargo, hice el intento — en gran parte por desesperación — practicando todos los días. La prueba llegó pocas semanas más tarde mientras estaba sentada frente a un microscopio electrónico, tratando de descifrar los secretos de las células del cáncer. Sentí las punzadas detrás del ojo derecho que me eran tan familiares, la sensibilidad a la luz y la náusea que anunciaban la inminencia de una jaqueca. Era hora de hacer un experimento.

Me refugié en mi consultorio, bajé las persianas y cerré la puerta. Me acomodé en un asiento, relajé los músculos de pies a cabeza, cambié mi respiración tensa del pecho por una respiración diafragmática relajada, y empecé a meditar. Con el tiempo, el dolor se fue calmando. Cuando la meditación concluyó, me sentí como si hubiera recibido un baño purificador, así como queda la tierra después de un fuerte aguacero. Corrí de un lado a otro del laboratorio pregonando que había realizado el experimento más importante de mi vida. Era el comienzo de un gran cambio en mi vida.

En los capítulos siguientes usted compartirá mi viaje de curación y el de algunos de los 2 000 pacientes* o más con los que hemos trabajado en la Clínica para la Mente y el Cuerpo, pacientes que en muchos aspectos se han convertido en mis maestros.

Nuestros pacientes provienen de todas las clases sociales y profesiones, y su edad oscila entre los diecisiete y los noventa y tres años. Sus luchas y triunfos han sido una inspiración y un desafío que constantemente me impulsan más allá de los límites de mis conoci-

---

* Con el fin de respetar su anonimato, sus nombres han sido cambiados, lo mismo que cualquier detalle que pudiera identificarlos. En ocasiones, las experiencias de más de un paciente han sido combinadas en una sola historia.

mientos. Nuestros pacientes son personas que desean participar en su propia curación, pero desconfían de las modas y de las aseveraciones no comprobadas. Son estudiantes, ejecutivos, amas de casa, médicos, obreros, científicos e ingenieros, y sufren de jaquecas, insomnio, urticaria, úlceras, alergias, dolores crónicos y enfermedades más graves tales como el cáncer y el SIDA. Son enviados por médicos, muchas veces luego de años de sufrimientos y en ocasiones después de haber ensayado incontables medicamentos que no han surtido efecto. Por regla general, otras terapias han fallado porque sólo se ocupan de los síntomas físicos en lugar de buscar las causas subyacentes.

Aunque los problemas de una persona estresada que vive en continua función de mayores logros pueden parecer muy diferentes de los de una joven madre que sufre de esclerosis múltiple, o de los de un hombre viejo que padece cáncer, todos ellos afrontan crisis similares. Los problemas subyacentes tienen que ver tanto con el significado de la vida como con la forma de aprender a usar el poder de la mente para reducir los síntomas.

Estudios importantes realizados recientemente indican que aproximadamente el setenta y cinco por ciento de las consultas al médico se producen a causa de enfermedades que finalmente desaparecerán por sí solas, o a causa de desórdenes relacionados con la angustia y el estrés. Los síntomas asociados con estas condiciones se pueden reducir o eliminar, restableciendo el equilibrio natural de curación del organismo. En el caso de muchos otros desórdenes crónicos, o que constituyen una amenaza para la vida, es posible aliviar los síntomas, pero el progreso de la enfermedad llevará inevitablemente a la muerte. Después de todo, la muerte es parte del curso natural de la vida, y su realidad puede ser una poderosa advertencia para que vivamos de tal manera que logremos un máximo de satisfacción, creatividad y amor. Esto es lo que yo llamo curación. Y el deseo básico de curarse — de gozar de buena salud — es lo que todos nuestros pacientes tienen en común, sin importar la condición que los trae a la clínica.

En los siguientes capítulos usted leerá sobre personas que se parecen a usted y sobre otras que parecen muy diferentes. Al final, para muchos de mis pacientes el milagro es que, pese a nuestras diferencias, todos somos iguales. Además de las identidades y de los deseos existe un núcleo común del yo — una parte esencial del ser humano cuya naturaleza es la paz, cuya expresión es el pensamiento y cuya acción es el amor incondicional. Cuando nos identificamos con ese núcleo interior, respetándolo y honrándolo tanto en nosotros mismos como en los demás, experimentamos una curación en todos los campos de la vida.

Las técnicas que usamos con los pacientes en nuestro programa de diez semanas son sorprendentemente simples, y en este libro las enseñaré en la misma forma en que se las hemos enseñado a miles de personas a lo largo de los años. Espero que usted logre el mismo resultado positivo que ellos han obtenido. Nuestra investigación demuestra que inclusive las personas que han completado una versión corta del programa, de seis semanas de duración, presentan una notable reducción de los síntomas físicos, y una disminución simultánea de la angustia, la depresión, la ira, la fatiga y la irritabilidad; este cambio todavía perdura cuando las examinan de nuevo seis meses después.

Sin embargo, el Programa para la Mente y el Cuerpo no constituye un procedimiento con el que se obtienen resultados rápidos, y no es una cura milagrosa. Cambiar de actitud y de modo de vida es un proceso que requiere mucho tiempo y esfuerzo, y si bien las técnicas son sencillas, las soluciones son sutiles y complejas. Gran parte de nuestro éxito con los pacientes radica en la credibilidad de la investigación en que se basa nuestra labor. Debido a que trabajamos en estrecha asociación con la medicina tradicional, nuestros pacientes están seguros de que reciben la mejor atención médica, en lugar de estar participando en otra alternativa no comprobada. Esto constituye para ellos una poderosa motivación para efectuar los cambios que habrán de conducir a su curación.

El mensaje de este libro, expresado en términos simples, es que nosotros ya somos perfectos — nuestro núcleo esencial está en paz y es completo. El trabajo de curar consiste en eliminar, una por una, las barreras del temor y del condicionamiento pasado que no nos permiten tomar consciencia de nuestra verdadera naturaleza de plenitud y amor. A un artista que había tallado un elefante exquisitamente elaborado se le pidió que revelara el secreto de su talento. Su respuesta fue sencilla — tan sólo había quitado los fragmentos de la piedra que no formaban parte del elefante. El secreto de una mente sana en un cuerpo sano es similar: al eliminar gradualmente las dudas y los temores, ponemos al descubierto el derecho a la paz interior que adquirimos al nacer. El descubrir ese pacífico núcleo interior le devuelve al cuerpo su plenitud o nos permite vivir bien, no obstante nuestras limitaciones físicas.

El hecho de presentar en forma de libro el material que lleva al descubrimiento y al entendimiento de este sencillo mensaje, en lugar de ofrecerlo a través de interacción personal con grupos de pacientes durante un período de varias semanas, ha sido un desafío fascinante. Cada lector es diferente, así como cada paciente es diferente. Respetar a ese individuo es la clave del aprendizaje. Teniendo eso presente, sea flexible con usted mismo a medida que avanza en la lectura de este libro. Tal vez usted prefiera revisar primero superficialmente el contenido, y luego retroceder y experimentar las técnicas, fijando su propio paso para dominar los instrumentos. O quizás quiera leerlo muy lentamente, tomándose ocho o diez semanas para desarrollar el programa como si en realidad estuviera en un Grupo para la Mente y el Cuerpo. Inclusive podría deleitarse y dedicarle dos horas a la semana a la lectura del libro, practicando las técnicas que ha aprendido durante la semana antes de pasar al siguiente capítulo.

Los capítulos siguen el orden del Programa para la Mente y el Cuerpo, tal como éste se desarrolla en la clínica. Empezamos con una conferencia sobre las acciones recíprocas mente/cuerpo, complementada con lecturas. Con frecuencia les sugiero a los pacientes que lean el material científico de fondo a su propio ritmo, en el transcurso de varias semanas, si así lo prefieren. Algunos pacientes están sedientos de más y solicitan orientación al leer la literatura científica. Algunos no se sienten obligados a involucrarse en la ciencia en absoluto. Otros adoptan una posición intermedia. Al escribir el primer capítulo de este libro, decidí presentar los antecedentes científicos tan concisamente como fuera posible. Lo mismo que a la gente que acude a la clínica, a usted puede parecerle que es demasiado material, que es justo lo que necesita, o que es muy poco. En el primer caso, tal vez quiera echarle una hojeada rápida a este capítulo y leerlo con más detenimiento después, si siente la necesidad de hacerlo. En el último caso, usted puede complementar el material con la lista de lectura que aparece al final del texto.

Los capítulos 2 y 3 cubren el contenido de las primeras cuatro semanas de la clínica. Considero que este material es el fundamento — desarrolla la habilidad de tomar consciencia de cómo cuidar el cuerpo. En estos capítulos fundamentales usted aprenderá a producir la respuesta de relajación por medio de la meditación, la respiración y los ejercicios de estiramiento. La práctica de estos ejercicios tiene dos propósitos: Primero, usted aprende a cambiar su fisiología, adquiriendo control sobre la respuesta de estrés y aprendiendo a controlar el sistema nervioso autónomo, o automático, y a descargar la tensión del sistema musculoesquelético. Segundo, estas habilidades básicas empiezan a capacitarlo en el arte de observar su mente.

El capítulo 4 constituye un puente entre las habilidades fundamentales de cuidar el cuerpo y las habilidades más avanzadas de dominar la mente. Tiene relación con un área en la cual mis pacientes se involucran de inmediato — la habilidad de vivir el momento, en vez de enfrascarse en los recuerdos del pasado o en preocupaciones sobre el futuro. La habilidad de practicar el estar consciente se basa en la práctica de la concentración y de los ejercicios de respiración que se presentan en los capítulos anteriores.

Los capítulos 5 y 6 proporcionan los instrumentos necesarios para convertirse en observador de la mente, y lo hacen en forma que permite percatarse gradualmente del presente abriéndose paso por entre el condicionamiento del pasado. Finalmente, esta obra enseña a aprender de las emociones y a practicar la toma de consciencia centrada en el presente — el perdón — en la vida diaria, tal como se presenta en el capítulo 7.

Los principios expuestos en el libro están recopilados de una manera muy personal en el último capítulo, el cual cuenta la historia de Sam, un drama de la vida real en el que la mente y el espíritu superan la limitación final del cuerpo — la muerte misma. La lucha de Sam con el SIDA fue una poderosa experiencia de cura en mi propia vida y en la de muchas personas que lo conocieron.

Antes de iniciar el programa, le sugiero que llene la autoevaluación de su estado físico y emocional actual que aparece en el apéndice. Luego de concluir el libro, cuando considere que comprende las ideas y los métodos, puede reevaluar su bienestar, llenando el formulario de evaluación por segunda vez. Los dos cuestionarios incluidos se basan en la evaluación real que nuestros pacientes hacen en la clínica. La mayoría de las personas consideran que la autoevaluación es útil porque las hace más conscientes de su estado físico y emocional. Llenarlos sólo requiere unos pocos minutos y le ayudará a tener una mayor comprensión de usted mismo.

Todos los pacientes que ingresan en un Grupo para la Mente y el Cuerpo llegan con una carta de referencia de su médico, lo cual garantiza que el paciente está recibiendo la mejor de las atenciones y que no se ha pasado por alto ningún problema físico que requiera intervención médica. Como parte de la entrevista inicial, con frecuencia les recomendamos a los pacientes que se sometan a un tratamiento adicional, ya sea médico o psicológico. Por consiguiente, al estudiar el material de autoevaluación, aproveche la oportunidad de preguntarse si, además de la autoayuda, necesita ayuda médica o psicológica. Un libro como éste puede ser un maravilloso método auxiliar, o puede ser suficiente por sí solo; pero, si tiene dudas, siempre es aconsejable que busque ayuda profesional.

Mi propia recuperación empezó hace unos veinte años, y todavía no ha concluido. Espero que mi experiencia y la de los pacientes de quienes aprendí y con quienes compartí muchas cosas le ayuden a seguir adelante. Es posible que los preceptos de este libro le parezcan un reto, pero son pautas para toda una vida. Le deseo buen éxito en su ruta hacia la recuperación y la paz interior.

1

La ciencia de curar

Hace algunos años, en la Facultad de Medicina de la Universidad de Tufts vi una increíble película en que se hacía una demostración de anestesia mediante acupuntura. Mientras los asistentes del cirujano introducían unas cuantas agujas, éste hizo una incisión en el tórax del paciente, rompió las costillas y extirpó un lóbulo del pulmón — todo esto mientras el paciente, con la cabeza modestamente oculta detrás de una sábana, conversaba amenamente y tomaba té. La vi con mi esposo, el inmunólogo doctor Myrin Borysenko, y ambos quedamos asombrados con lo que vimos. Sólo pude mover la cabeza de un lado para otro cuando Myrin le pidió a un colega nuestro de la Facultad de Medicina su opinión al respecto. "No es nada", dijo nuestro colega. "Sólo hipnosis".

Hasta hace poco, los científicos a menudo se veían obligados a desmentir lo que estaban viendo, simplemente porque no comprendían los mecanismos esenciales. La ciencia es una búsqueda de explicaciones, una estructura compleja construida con pequeñas unidades mensurables, y, sin embargo, algunas cosas que les suceden a las personas en la vida real simplemente no encajan dentro de las bien establecidas categorías.

Un individuo que tiene múltiples personalidades sufre de diabetes en una de sus identidades, pero es sano en todas las demás. A un sujeto sometido a hipnosis se le forma una ampolla en la piel, pese a que la "plancha caliente" con la que el hipnoterapeuta afirma que lo está tocando es, en realidad, un lápiz común y corriente. En una prueba clínica, a la tercera parte de las mujeres que reciben placebos en lugar de quimioterapia se les cae el cabello. ¿Cómo puede ser posible?

El poder de la fe y de la esperanza

Hace 2 000 años, una mujer que sufría de una prolongada hemorragia uterina acudió a Jesús de Nazaret. Se acercó a él en medio de la multitud, tocó el borde de su túnica y quedó curada instantáneamente. Jesús se volvió a ella y explicó que era su fe lo que la había curado. Después de siglos de lento progreso hacia las explicaciones racionales del mundo físico, inclusive los científicos pueden por fin empezar a apreciar la verdad de su afirmación. Estamos entrando en un nuevo nivel de entendimiento científico de los mecanismos mediante los cuales la fe, la confianza y la imaginación pueden realmente revelar los misterios de la curación.

A finales del decenio de los cincuenta, el doctor Bruno Klopfer estaba tratando a un paciente que padecía un grave linfoma, ya muy avanzado. La ahora desacreditada droga Krebiozen se pregonaba en aquel entonces como una cura potencial, y poco después de administrar la droga el doctor Klopfer, los tumores cancerosos del paciente "se derritieron como bolas de nieve". El paciente fue dado de alta del hospital, aparentemente curado. Unos pocos meses más tarde, cuando los periódicos empezaron a publicar artículos sobre la ineficacia de la droga, los tumores del paciente no tardaron en reaparecer. Sospechando que el agente que estaba obrando era la fe del paciente, Klopfer anunció que le suministraría una forma especialmente preparada y más activa de la droga.

En realidad, trató a su paciente con agua destilada, y una vez más los tumores desaparecieron. Unos meses después se publicaron estudios definitivos que mostraban sin lugar a dudas que el Krebiozen era ineficaz. El paciente se desilusionó, sus tumores reaparecieron y murió rápidamente.

Los pacientes de la misma edad, sexo y condición física, que padecen el mismo tipo de cáncer, reaccionan a la misma terapia en formas muy diferentes. Si bien es posible determinar un tiempo promedio de supervivencia, algunas personas viven mucho más tiempo del esperado, mientras que otras mueren mucho más rápido de lo pronosticado. Numerosos estudios han mostrado que la actitud puede ser un mecanismo muy importante para determinar el curso de algunas formas de cáncer.

En un estudio realizado por el doctor Steven Greer y sus colaboradores en el Hospital King's College de Inglaterra, la actitud de cincuenta y siete mujeres sometidas a mastectomía debido al cáncer mamario en estado precoz fue relacionada con la supervivencia diez años más tarde. De las mujeres que enfrentaron la enfermedad con espíritu de lucha, o cuyo rechazo era tan fuerte que creyeron que no había enfermedad alguna, el cincuenta y cinco por ciento se encontraba con vida y tenía buena salud diez años después. Entre las mujeres que sentían que no tenían esperanza ni remedio, o que aceptaban su suerte con estoicismo, sólo un veintidós por ciento estaba con vida al cabo de diez años.

Un estudio efectuado por el doctor Yujiro Ikemi y sus colegas en Kyoto, Japón, se centró en un pequeño grupo de sobrevivientes de diferentes formas de cáncer consideradas por lo general incurables.

Todos los pacientes contaron una historia similar. Reaccionaron al diagnóstico con un sincero sentimiento de gratitud por cualquier tiempo de vida que les restara. Enfocaron el problema como si fuera una copa medio llena y no medio vacía. El cáncer había aparecido en los cinco pacientes en una época de profunda crisis existencial. Los pacientes habían reformulado sus crisis como una oportunidad para resolver los problemas que habían dado origen a tales crisis. Se sentían retados por su situación y aceptaban la responsabilidad de ella. Finalmente, los cinco pacientes se encomendaron completa y sinceramente a la voluntad de Dios.

Una fe y una confianza sinceras se asocian a menudo con los pocos casos bien documentados de mejoras aparentemente espontáneas. En 1976, el doctor B. J. Kennedy y sus colaboradores de la Facultad de Medicina de la Universidad de Minnesota estudiaron a veintidós pacientes que padecían tipos de cáncer supuestamente incurables y que se habían recuperado y vivido por lo menos cinco años. La actitud de estos pacientes era similar. Luego de recuperarse de su *shock* inicial, estaban decididos a luchar y a vencer. Creyeron firmemente en su recuperación. Muchos citaron la importancia de saber que al menos una persona había sobrevivido a su tipo de cáncer. Si alguien podía sobrevivir, ¿por qué no podían ellos? Los pacientes manifestaron su confianza en su médico, en la ciencia médica y en Dios. El factor clave era que tenían mucha fe en algo que les impedía sentirse desvalidos. Son incontables los ejemplos del poder de la mente sobre el cuerpo. Apenas estamos empezando a entender la ciencia en que se apoyan y la importancia de tener esperanza y de saber que se controla la situación.

La mente y la inmunidad

Mis raíces y las de la Clínica para la Mente y el Cuerpo se arraigan en la investigación de laboratorio. El efecto de la mente sobre la inmunidad es un campo investigativo que comparto con mi esposo, Myrin. El sistema inmunológico, la defensa más importante del organismo contra las enfermedades; el sistema cardiovascular; el cerebro y el sistema nervioso — todos ellos han sido explorados en forma independiente. Sin embargo, en años recientes, los neurocientíficos que están trabajando en asocio con los psicólogos e inmunólogos han forjado una nueva disciplina científica designada con el trabalenguas de psiconeuroinmunología, o PNI, un campo que explora las interconexiones más sutiles del organismo.

Gran parte de la investigación en la PNI se concentra en un grupo de transmisores hormonales llamados *neuropéptidos*, los cuales son secretados por el cerebro, por el sistema inmunológico y por las células nerviosas de otros órganos. Los científicos han encontrado que las áreas del cerebro que controlan la emoción son especialmente ricas en receptores para estos productos químicos. Al mismo tiempo, el cerebro tiene también puntos receptores para las moléculas de origen exclusivamente inmunológico — las linfocinas y las interleucinas. Vemos, entonces, que existe un amplio e intrincado sistema de comunicación de doble vía que une la mente, el sistema inmunológico y potencialmente todos los demás sistemas, un mecanismo a través del cual nuestras emociones — nuestras esperanzas y nuestros temores — pueden afectar a la habilidad del organismo para defenderse.

En el decenio de los cuarenta, el fisiólogo suizo y premio Nobel

Walter Hesse hizo experimentos en el cerebro de gatos y descubrió que podía producir dos estados de energía diametralmente opuestos estimulando diferentes zonas del hipotálamo del animal. Un estado era una especie de "sistema de comunicación" para la actividad incrementada; el otro era un estado de muy bajo gasto de energía, caracterizado por un profundo reposo y relajamiento — el equivalente corporal a lo "neutral".

Más recientemente, el doctor Keith Wallace y mi colega, el doctor Herbert Benson, documentaron un estado similar de profundo reposo en los seres humanos que practican la meditación trascendental. Los estudios posteriores de Benson demostraron que este estado podía ser inducido mediante cualquier forma de concentración mental que distrajera al individuo de las preocupaciones y angustias habituales de la mente. Le dio a este mecanismo innato del hipotálamo el nombre de *respuesta de relajación*.

Cuando se recurre a la respuesta de relajación, la frecuencia cardíaca y la presión sanguínea disminuyen. La frecuencia de la respiración y el consumo de oxígeno bajan debido a la enorme disminución en el requerimiento de energía. Pasando del estado de alerta al estado de relajación, la actividad de las ondas cerebrales cambia de una frecuencia beta a una frecuencia alfa. El flujo sanguíneo hacia los músculos disminuye, y la sangre es enviada, en cambio, al cerebro y a la piel, produciendo una sensación de calor y una actividad mental relajada. Tan sólo cuando aprendí a inducir la respuesta de relajación pude comenzar a eliminar los síntomas más graves que me enviaban a la sala de urgencias.

En primer lugar, ¿por qué razón el estrés podía dar origen a estos síntomas? Los científicos saben que la respuesta de relajación se desarrolló como un medio para proteger al organismo del agotamiento total. La naturaleza proporcionó también el "sistema de conmutación", que llamamos respuesta de lucha o huida. Estoy segura de que usted la ha experimentado muchas veces cuando repentinamente siente miedo, cuando está seguro de que alguien estaba forzando la puerta de su casa, o cuando el avión en que viaja sufre una súbita caída al encontrarse con un vacío. Antes de que se dé cuenta, usted está respirando con rapidez y dificultad, las manos le comienzan a sudar y la boca se le reseca. La respuesta de lucha o huida significa que el corazón le late con violencia, la presión sanguínea le aumenta, los músculos se le tensan, las pupilas se le dilatan y la piel se le pone de gallina.

Esta respuesta integrada evolucionó hace millones de años, pues aseguraba que todo el organismo estaría listo para la acción a la más leve señal de peligro. La respuesta sigue con nosotros en la actualidad, firmemente ligada a los sistemas de comunicación del cuerpo humano, a pesar de que en nuestro mundo infinitamente más complejo, el peligro puede tomar la forma de cuentas sin pagar o aburrimiento en el matrimonio, o algún temor no especificado producido exclusivamente por la imaginación. La lucha y la huida no son opciones muy útiles contra tales peligros. No obstante, mediante la respuesta de lucha o huida, la angustia sigue teniendo acceso al mecanismo que eleva la presión sanguínea, y el estrés continúa activando los mecanismos que llevan a la tensión muscular y de ahí a los numerosos achaques, dolores y desórdenes del organismo.

Además, la angustia cuenta con otros recursos para hacernos más propensos a la enfermedad. En experimentos de laboratorio hemos aprendido que el estrés, ya sea agudo o crónico, libera toda suerte de hormonas que proporcionan una energía rápida. Dos de estas hormonas — la adrenalina y el cortisol — son también potentes inhibidores del sistema inmunológico.

En un experimento que mi esposo, Myrin, estaba efectuando en la Facultad de Medicina de Tufts, necesitaba un tipo particular de anticuerpo — aquellas proteínas que el organismo produce para ayudar a neutralizar invasores extraños tales como los microbios. Por lo general, los científicos obtienen anticuerpos inyectándoles a los conejos la proteína extraña específica — el antígeno — para la cual esperan obtener el anticuerpo. Durante meses Myrin analizó las muestras de sangre de los conejos, pero el anticuerpo que estaba buscando nunca apareció. Frustrado pero decidido a considerar todas las posibilidades, se dirigió al sitio donde estaban instalados los animales y encontró que, si bien los conejos parecían estar bastante cómodos, había un enorme monitor de temperatura junto a las jaulas. El monitor producía un sonido seco cada minuto. Con cada sonido, los conejos se sobresaltaban — una señal de peligro. Suponía Myrin que los conejos estaban crónicamente estresados, y, por tanto, sus reacciones inmunológicas estaban suprimidas.

Siguiendo la misma línea de pensamiento, el doctor Bruce Crary, el doctor Herbert Benson, Myrin y yo hicimos un estudio en el que inyectamos a voluntarios humanos una pequeñísima dosis de adrenalina — más o menos la cantidad que uno produciría si alguien gritara "¡Bu!" Lo que encontramos fue una inmediata reducción del número de células auxiliares, los linfocitos que incrementan la respuesta inmunológica.

¿Por qué razón el estrés disminuye en ocasiones la inmunidad? Algunos científicos encuentran una explicación al retroceder en la historia de la evolución hasta el evento más estresante en la vida de un animal: el peligro de un ataque sangriento por parte de un depredador. Ellos razonan que el sistema inmunológico podría confundir el tejido lesionado de una herida con células extrañas; el resultado sería una catástrofe inmunológica — una reacción inmunológica contra el ser mismo. Entonces, en anticipación al trauma, el sistema inmunológico estresado se deprime temporalmente.

Una fascinante desviación psicológica de este fenómeno descubrimos en un estudio con estudiantes de odontología, que Myrin y yo realizamos en colaboración con los doctores John Jemmott, David McClelland, Herbert Benson y otros. Encontramos que el estrés producido en épocas de exámenes reducía el nivel de determinado anticuerpo en la saliva, anticuerpo que es parte de la primera línea de defensa contra los resfriados. Los estudiantes están más propensos a resfriarse en las épocas de exámenes; pero el hallazgo más importante para nuestro trabajo fue que los estudiantes que en las pruebas psicológicas mostraban la mayor necesidad de defensas ¡eran los que registraban la mayor baja en anticuerpos! Los exámenes constituían una amenaza mucho más grande para ellos que para los estudiantes que enfocaban la vida en forma más desenfadada.

Otros estudios realizados en la Facultad de Medicina del Estado de Ohio por la doctora Janice Kiecolt-Glaser y su esposo, el doctor Ronald Glaser, mostraron que el estrés producido por los exámenes disminuía la función de un tipo importante de linfocitos denominados células asesinas. La función de estas células es patrullar el organismo y destruir las células infectadas de virus lo mismo que las células cancerosas. El estrés producido por los exámenes también ocasionó una baja vertiginosa en la producción de interferón, molécula que promueve la función de las células asesinas y de otros tipos de células inmunológicas.

Sin embargo, las enfermedades rara vez son simplemente cuestión de causa y efecto aislados. Si bien el estrés y la sensación de impotencia pueden deprimir la función inmunológica, ciertamente no nos enfermamos cada vez que estamos estresados. Es mucho más razonable considerar que el estrés es uno de los muchos factores que pueden inclinar la balanza hacia la enfermedad.

Cada uno de los mecanismos que he analizado — los transmisores hormonales que unen el cerebro y el sistema inmunológico, la respuesta de lucha o huida, la inmunosupresión y la respuesta de relajación — funciona en el organismo sujeto a otros tres importantes determinantes del bienestar: la herencia, el medio ambiente y el comportamiento.

Algunas personas son afortunadas: sus genes están programados para la salud y la longevidad. Otras, menos afortunadas, están genéticamente predispuestas a la hipertensión, a la diabetes o a la esclerosis múltiple. A pesar de eso, mucha gente que tiene la probabilidad de padecer una enfermedad ligada al factor genético sigue gozando de buena salud. En mi caso, un comportamiento — la respuesta de relajación — contrarrestó el patrón genético de hiperalertamiento existente en mi familia, el cual contribuye a la hipertensión y a las jaquecas. En el caso de otras personas, un cambio en el medio ambiente, por ejemplo en la dieta, puede evitar la manifestación de jaquecas o de hipertensión o alterar el nivel de la respuesta inmunológica.

El factor asociado con todas las determinantes de la salud, distinto de la constitución, que está fuertemente ligada al factor genético, es, desde luego, el comportamiento. Nosotros decidimos sobre nuestros hábitos de salud — si hacemos ejercicio, según lo que comamos, si fumamos o bebemos. Igualmente importante es el hecho de que nuestra mente es capaz de fabricar interminables fantasías que son muy reales para el organismo; estas fantasías liberan las hormonas y los neuropéptidos que le dicen al organismo lo que debe hacer. La mayoría de nosotros no somos capaces de controlar ni siquiera aquellas fantasías mentales negativas de las que estamos conscientes; y, lo que es peor, con frecuencia no estamos conscientes de lo que está pasando por nuestra mente. En los capítulos siguientes le explicaremos a usted cómo funciona la mente y cómo puede controlarla de manera que maximice su salud.

Programación mente/cuerpo

Si por estar soñando despierto usted no sale de la autopista y "se despierta" a muchos kilómetros de distancia del lugar a donde quería ir, está demostrando el poder de la mente inconsciente. Una vez que algo ha sido aprendido no tenemos que pensar en ello en forma consciente. La tarea simplemente se repite tan pronto como iniciamos el programa — en este caso, poner la llave en el encendido. Todos los demás aspectos de conducir se producen espontáneamente, porque nuestro sistema nervioso ha sido condicionado — o impreso — con el patrón de conducir un automóvil.

A causa de nuestro condicionamiento, todos somos criaturas de hábitos. La mayoría de las personas se angustian antes de presentar un examen, debido en parte al hecho de que se han acostumbrado a sentirse angustiadas a la hora del exámen, sin importarles si en realidad la situación que enfrentan representa o no una amenaza. Tan pronto como se sienten amenazadas por un examen, se establece una conexión neural. La próxima vez que se acerque la fecha de un examen, lo más probable es que reactiven ese mismo circuito condicionado.

El condicionamiento fisiológico es un tipo de aprendizaje rápido que evolucionó para ayudarnos a dominar las situaciones de causa y efecto que podrían determinar la supervivencia. Todos estamos familiarizados con el famoso experimento de Pavlov. A un perro se le da carne en polvo, lo cual naturalmente le hace segregar saliva. Luego se hace sonar una campana cada vez que se le ofrece la carne en polvo. Después de un tiempo, el perro segrega saliva con sólo oír el sonido de la campana. Vemos que el mismo mecanismo funciona en nosotros cuando estamos trabajando alegremente, miramos el reloj, y nos damos cuenta de que es hora de almorzar; súbitamente sentimos hambre.

A los seis o siete años de edad comprendí con toda claridad que la mente tenía el poder de afectar al organismo a través del condicionamiento. Mi Tío Dick, que detestaba el queso, estaba cenando con nosotros un domingo. De postre había un pastel de queso oculto con fresas maduras. Estaba tan sabroso que se comió dos porciones. Una hora después mi madre expresó su asombro por el gusto con que el Tío Dick se había comido el postre, pues sabía cuánto detestaba el queso. Al oír la palabra *queso*, el Tío Dick se puso pálido, empezó a sentir náuseas y salió corriendo al baño. Aun de niña no me cabía duda de que el problema no era el queso en sí, sino algún condicionamiento mental sobre el queso el que le producía una reacción tan violenta.

Muchos enfermos de cáncer que reciben quimioterapia vomitan a causa del medicamento. Muy pronto, debido a un condicionamiento similar al del Tío Dick, empiezan a sentir náuseas la víspera del tratamiento. Otros sienten náuseas al llegar al hospital o inclusive al ver a su médico o a su enfermera. Involuntariamente han aprendido a sentir náuseas como una respuesta condicionada a los pensamientos, vistas y olores asociados con la quimioterapia.

Lo que hemos aprendido de los estudios soviéticos siguiendo el modelo de Pavlov es que el sistema inmunológico puede ser condicionado. En los Estados Unidos, el doctor Robert Ader y el doctor Nicholas Cohen de la Universidad de Rochester les inyectaron a unas ratas una droga inmunosupresora llamada ciclofosfamida, y al mismo tiempo le agregaron un nuevo sabor — sacarina — al agua que bebían los animales. La sacarina actuaba como la campana de Pavlov. Después de un tiempo, las ratas suprimían su inmunidad con sólo saborear la sacarina.

El doctor G. Richard Smith y Sandra McDaniel realizaron un fascinante estudio sobre la supresión de las reacciones inmunológicas en los seres humanos. Un grupo de voluntarios, que había reaccionado positivamente a la prueba de la tuberculina, acudió durante cinco meses, una vez al mes, a un salón que presentaba siempre el mismo arreglo de muebles y que era atendido por la misma enfermera. En todas las ocasiones había una ampolleta roja y una verde en la mesa; el contenido de la ampolleta roja — la tuberculina — se les inyectaba en el mismo brazo, y el contenido de la ampolleta verde — una solución salina — se les inyectaba en el otro.

Todos los meses se seguía el mismo procedimiento, y la reacción de los voluntarios a la tuberculina era siempre igual — una hinchazón roja en el mismo brazo. En el otro brazo nunca se produjo reacción alguna a la inyección de la solución salina.

Cuando se realizó la sexta prueba, el contenido de las ampolletas se intercambió sin que los voluntarios lo supieran, y en esta ocasión la tuberculina les produjo una reacción insignificante. La expectativa de que nada sucedía con la inyección de la ampolleta verde aparentemente era suficiente para inhibir la violenta reacción inflamatoria del sistema inmunológico a la tuberculina.

El condicionamiento constituye un poderoso puente entre la mente y el organismo, y es el principal enfoque de nuestro trabajo en la clínica. La razón estriba en el hecho de que el organismo no puede establecer la diferencia entre los sucesos que son amenazas reales a la supervivencia y los que son tan sólo producto de la mente. La mente fabrica interminables fantasías de posibles desastres tanto pasados como futuros. Esta tendencia a exagerar la magnitud de una situación y sacar la peor conclusión posible es lo que yo llamo "tremendizar", y puede ser el factor clave que inclina la balanza en favor de la enfermedad o de la salud. Usted tiene una reunión importante a las nueve de la mañana y sabe que va a llegar tarde porque se encuentra atascado en el tránsito. O es medianoche y su hijo aún no ha regresado a casa, o el médico le dice que quiere repetir una prueba, etc. Las variantes son infinitas. El flujo de "qué tal que" y "ojalá que" compromete las distintas emociones humanas, las cuales pueden influir prácticamente en todas las funciones del organismo.

La forma en que funciona nuestra mente — el grado en que "tremendicemos" — también depende del condicionamiento previo. Las respuestas de nuestros padres y de otras personas que nos sirvieron de ejemplo e influyeron en nosotros moldean nuestra propia actitud frente a la vida. Tomar consciencia de nuestro condicionamiento es el primer paso hacia desaprender las actitudes que han dejado de ser útiles. Esta toma de consciencia descubre nuestra capacidad de responder a lo que está sucediendo *ahora* en vez de reaccionar con base en una historia condicionada que posiblemente resulte anticuada. Usted podrá desarrollar esta habilidad si realmente se consagra al estudio de las técnicas esbozadas en los siguientes capítulos.

Los peligros de sentirse impotente

Las situaciones de estrés agudo que nos depara la vida producen respuestas fisiológicas temporales de las que el organismo se recupera. Son las situaciones de estrés crónico — con frecuencia causadas por actitudes negativas condicionadas y la sensación de impotencia — las que constituyen un verdadero reto para la curación. Sentirse constantemente impotente puede trastornar nuestro equilibrio endocrino, aumentando el nivel de la hormona inmunosupresora cortisol y destruyendo su ritmo diurno natural. La sensación crónica de impotencia también disminuye significativamente el nivel del neurotransmisor norepinefrina, producto químico que está presente en nuestro cerebro y es vital para sentirnos felices y satisfechos. Asimismo, los estudios inmunológicos revelan que la incapacidad de controlar el estrés, más que el suceso estresante en sí mismo, es extremadamente perjudicial para la inmunidad.

La mayoría de nosotros tendremos, en algún momento, la sensación de que la vida está, en una u otra forma, fuera de control. Ya sea que la consideremos como una situación pasajera cuya solución contribuirá a nuestro cúmulo de conocimientos y experiencias, o como una amenaza más que demuestre que la vida está llena de peligros, este aspecto es crucial tanto para la calidad de nuestra vida como para nuestra salud física.

Nuestra capacidad de crear las condiciones de vida que más anhelamos — realizar nuestros sueños y esperanzas, nuestras metas y aspiraciones — depende del control que tengamos tanto sobre los sucesos que nosotros mismos iniciamos como sobre aquéllos que nos ocurren sin nuestra voluntad — las aparentes situaciones de estrés, los obstáculos y los desengaños. Sin el convencimiento de que ejercemos algún grado de control, no tenemos forma de soslayar los altibajos de la vida.

A comienzos de los años setenta, el psicólogo Jay Weiss sometió a dos ratas al mismo estrés — un leve *shock* en la cola — en una situación en la que sólo una de las ratas podía controlar el estrés. Una tercera rata servía como comparación y no fue sometida a *shock* alguno. La primera rata aprendió que haciendo girar una rueda podía evadir el *shock*, tanto para ella misma como para la segunda rata. De esta manera, ambas ratas recibían exactamente la misma cantidad de estrés, pero la diferencia radicaba en que una rata podía controlar la situación mientras que la otra estaba indefensa. A las ratas indefensas les dieron úlceras de un tamaño dos veces mayor que el de las ratas que tenían el control.

La imposibilidad de predecir está estrechamente relacionada con la imposibilidad de controlar. Si a las ratas se les daba una señal de advertencia mediante un sonido agudo de diez segundos de duración, antes de producirse el *shock*, les daban úlceras mucho menos severas. El saber cuándo anticipar el estrés les permitió a las ratas relajarse durante los períodos "seguros", reduciendo el desgaste de la ansiedad crónica, que es en realidad un crónico luchar o huir.

Cuando la gente siente que tiene el control de su vida, puede resistir una enorme cantidad de cambio y puede crecer y desarrollarse en medio de éste. Cuando la gente se siente impotente, a duras penas puede arreglárselas. Casi todo el mundo conoce ambos tipos de gente. El tipo de persona realmente imperturbable podría ser representado por James Bond, porque si algo se puede decir del agente 007 es que es capaz de aguantar el estrés. Las bombas explotan a su alrededor cuando baja en paracaídas al diabólico reactor nuclear del supervillano, pero muy calmadamente se arregla el cabello y quita la pelusa de su blazer azul oscuro. Por otra parte, están los protagonistas masculinos, emocionalmente frágiles, de las películas de Woody Allen. Inseguros y "tremendizando" siempre acerca del negro porvenir que se vislumbra, los personajes de Allen son propensos a desarrollar úlceras cuando afrontan la decisión de qué pedir de postre. Los peligros potenciales de la sensación de impotencia y de la represión emocional no fueron ignorados por Marshall Brinkman y Woody Allen en su libreto de *Manhattan*. En él, Allen interpreta a uno de sus típicos varones retraídos. Diane Keaton, que hace el papel de su novia, anuncia que va a abandonar a Allen para irse con su mejor amigo. Como el personaje de Allen parece imperturbable, Keaton se altera, exigiéndole una explicación de por qué no reacciona. El suspira y le dice que no puede manifestar ira. "Produzco una úlcera en cambio", explica.

El psicólogo Martin Seligman de la Universidad de Pennsylvania señala que nuestra habilidad de desarrollar el control empieza en la infancia, cuando la madre buena refleja y responde a los actos de su pequeño. El bebé sonríe, la mamá sonríe. El bebé emite un sonido de felicidad, la mamá hace otro tanto. El bebé llora de hambre, la mamá responde con leche. A través de este "ritual del desarrollo", el pequeño aprende que tiene el control, que puede asegurar su propia supervivencia.

A los menores, criados en un ambiente institucionalizado, se les priva de este ritual del desarrollo. Estos niños no ejercen ningún control, puesto que reciben su alimento a la hora exacta, se les cambia a la hora indicada, y no tienen casi ninguna interacción con las personas encargadas de cuidarlos. Los menores que antes habían sido felices se tornan llorones. Después de unos meses dejan de llorar y se vuelven ensimismados, y fijan la vista en la pared. Al principio ignoran a las personas que se les acercan; más tarde empiezan a dar chillidos. Pierden peso, con frecuencia les da insomnio y son muy propensos a las infecciones. Muchos de ellos mueren antes de los tres años de edad.

Cuando no es posible ejercer control alguno, surge la sensación de impotencia. Si las acciones y las respuestas de uno no tienen importancia alguna, si uno no causa impacto alguno en el mundo, ¿para qué molestarse? La persona que se ha sentido impotente ante una situación, es más susceptible de actuar en forma impotente en otras situaciones. Esta persona ha sido condicionada.

Seligman afirma que aprendemos a sentirnos impotentes, y la consiguiente conducta deprimida se nutre luego de sí misma. La sensación de impotencia se caracteriza por una disminución de la motivación para actuar y encarar las dificultades de la vida, lo mismo que por una actitud mental negativa que no nos permite apreciar que hicimos algo correcto cuando realmente cambiamos una situación. Emocionalmente hay angustia mientras estemos tratando de controlar una situación imposible de predecir; luego la depresión y la resignación se presentan cuando la situación parece incontrolable.

Fortaleza: Superando la sensación de impotencia

La vida está llena de cambios. El hecho de que seamos capaces o no de hacerles frente a tales cambios es lo que determina si maduraremos con la situación o si seremos vencidos por ella, si actuaremos en forma impotente o si tendremos fe. La doctora Suzanne Kobasa y sus colegas han estudiado la diferencia entre estos dos extremos. En los estudios realizados con ejecutivos y abogados, Kobasa fue la primera en descubrir que quienes vivían sometidos a un enorme estrés podían ser protegidos de una enfermedad física por una combinación de tres actitudes, las cuales, en conjunto, describen una personalidad capaz de resistir el estrés. El *compromiso* es una actitud de curiosidad y de participación en todo lo que está sucediendo. Lo contrario es la enajenación — tal como se observa en los hogares de niños desamparados que se han apartado del mundo. La segunda actitud es de *control* que, como hemos visto, es lo opuesto a la sensación de impotencia. Es la convicción de que podemos ejercer influencia sobre los acontecimientos, además de la voluntad de actuar sobre esa convicción en vez de convertirnos en víctimas de las circunstancias. La tercera es el *desafío*, la convicción de que los cambios que nos depara la vida estimulan nuestro desarrollo personal en lugar de amenazar el *statu quo*.

Las actitudes de fortaleza llevan a una especie de afrontamiento de las dificultades que Kobasa llama de transformación. La gente que se compromete y cree firmemente que tiene el control y espera que las situaciones sean desafiantes, es susceptible de reaccionar a los sucesos estresantes incrementando su acción recíproca con ellos — explorando, controlando y aprendiendo de ellos. Esta actitud transforma el hecho en algo menos estresante, situándolo en un marco de referencia más amplio que gira alrededor de un crecimiento personal y un entendimiento continuos.

Las personas de poca fortaleza, que están condicionadas para sentirse impotentes, son susceptibles de involucrarse en lo que Kobasa llama afrontamiento regresivo. Lo mismo que los pequeños que viven en instituciones, las personas que demuestran una actitud de afrontamiento regresivo rehúyen el estrés y persisten, en cambio, en sus propias reacciones emocionales reiterativas. Sus actitudes son lo contrario de la fortaleza. Se encuentran alejadas de las actividades, se sienten impotentes para cambiar las cosas, y por consiguiente se sienten amenazadas por todo cuanto perturbe el ritmo normal de las cosas. Estas personas son las más susceptibles de enfermarse cuando surgen situaciones estresantes.

En un estudio de gran resonancia presentado en su libro *Adaptation to Life* [Adaptación a la vida], el psiquiatra de Harvard, doctor George Vaillant, mostró que la salud mental constituye el elemento más importante para pronosticar la salud física. Vaillant analizó los datos recopilados sobre la vida y la salud mental y física de un grupo de alumnos de Harvard a lo largo de un período de treinta años, y encontró que los hombres con estilos de afrontamiento inmaduro, similares al afrontamiento regresivo, se enfermaban con una frecuencia cuatro veces mayor que los hombres con estilos más fuertes.

Estamos comenzando a entender algunos de los mecanismos que causan la erosión de la salud debido a un afrontamiento deficiente. Estamos desenmarañando el intrincado efecto del estrés crónico sobre las hormonas, los neuropéptidos y el sistema nervioso central, el cual, a su vez, puede afectar a todos los sistemas del organismo, desde el inmunológico hasta el cardiovascular. Los efectos del estrés son amortiguados por un afrontamiento eficaz, lo mismo que por el amor y el apoyo que nos brindan otras personas. Vaillant encontró que los hombres solitarios con frecuencia desarrollaban una enfermedad crónica al entrar en los cincuenta. Nuestras relaciones con los demás son lo único que nos permite desarrollar la fortaleza para enfrentar la vida y la confianza en nuestra propia capacidad y en lo bueno que hay en nosotros. El bebé abandonado no está en condiciones de desarrollar fortaleza. El adulto solitario puede tener problemas para mantener las actitudes de fortaleza.

Hace algunos años, la pequeña ciudad de Roseto, Pennsylvania, despertó gran interés en la comunidad científica debido a que la tasa de mortalidad de sus habitantes, a causa de insuficiencia coronaria, era muy baja. Los epidemiólogos empezaron a estudiar a los habitantes de Roseto, suponiendo que los niveles de los factores de mayor riesgo que llevan a la insuficiencia coronaria serían muy bajos: el hábito de fumar, el consumo de grasas, un estilo de vida sedentario y la obesidad. Se llevaron una gran sorpresa, pues los hábitos de salud de los habitantes de Roseto eran terribles. Todos los factores de riesgo registraban un nivel alto. Se comprobó entonces que el factor protector era, en realidad, la estructura social de la comunidad. La familia abierta* era la feliz norma allí. La gente

---

* La que, además de padres e hijos, incluye a uno o más parientes (*N. del E*).

tendía a permanecer en Roseto y además era muy unida. Todos se conocían entre sí, y estaban al tanto de sus historias familiares, sus alegrías y sus penas. Mucha gente estaba dispuesta a escuchar y a ayudar cuando era necesario. Las estadísticas revelaron que cuando la gente se marchaba de Roseto, la frecuencia del ataque cardíaco se elevaba al nivel habitualmente esperado de acuerdo con los pronósticos. El apoyo social, que es el gran amortiguador del estrés, era más importante que los hábitos de salud en el pronóstico de las enfermedades cardíacas.

Siempre hemos sabido que es cierto que podemos morir a causa de un corazón moralmente destrozado o de sueños frustrados. Los hallazgos de laboratorio están confirmando ahora este juicio intuitivo. Por lo tanto, la pregunta más apremiante para nosotros es cómo reconciliarnos con la esperanza, la fe y el amor, y cómo emplear estos estados para tener una mente sana en un cuerpo sano.

¿Cómo se puede superar el condicionamiento que con frecuencia hace que nos encerremos en nuestros temores en vez de abrirnos al amor? La esencia del proceso son las técnicas a las que nos referiremos en los siguientes tres capítulos — la meditación, el control respiratorio y el estar consciente — que nos permitirán alcanzar un punto de equilibrio interno en el que la mente se tranquiliza. En el estado de tranquilidad, la fisiología se desplaza a la respuesta de relajación. Los circuitos de condicionamiento negativo son desviados de su curso, y la mente está abierta a la formación de hábitos más productivos.

En los próximos capítulos usted aprenderá a alcanzar el punto de equilibrio, tomando consciencia de sus propios hábitos mentales restrictivos y del efecto de éstos sobre su organismo. Será capaz de evitar las respuestas condicionadas y automáticas que conducen al estrés y a las enfermedades físicas, creando nuevos circuitos que activen su propio potencial de cura interna. Aprenderá a adoptar las actitudes que le permitan sobrellevar el estrés — transformando las situaciones de estrés a que nos enfrenta la vida en desafío, que es la clave para librarse de la sensación de impotencia y recuperar el control sobre el cuerpo y la mente.

Un efecto secundario de este programa de curación es la reconciliación con los valores más importantes de la vida: una actitud abierta al amor, una actitud indulgente tanto hacia nosotros mismos como hacia los demás, y la paz interior. Sin paz interior, la vida simplemente es una sombra de sus posibilidades. El más hermoso escenario nos deja vacíos si nuestra mente está llena de preocupaciones. Aun los brazos de la persona amada parecen distantes. Uno de mis profesores de meditación lo expresó en forma muy clara cuando dijo que todas las experiencias son como ceros en una cifra larga. Carecen de significado si no los precede un dígito. Ese dígito es la paz interior.

2

Cómo recuperar el control

La paradoja del control es simple. Cuanto más tratemos de controlar la vida, tanto menos podremos controlarla. Hace varios veranos, observé a un adorable pequeñín, de unos cuatro años, que jugaba en la playa. Había construido un castillo de arena y un foso alrededor del Castillo. A medida que la marea avanzaba, ocasionalmente una ola se rompía lo suficientemente cerca como para que el agua entrara en el foso y lo llenara. El pequeño se sentía feliz con su invento. Pero a medida que la marea continuaba avanzando, las olas bañaban el castillo y amenazaban destruirlo. El niño comenzó frenéticamente a amontonar arena delante del castillo, construyendo un dique para desviar la inundación. Se encontraba atrapado en una constante lucha de derrumbamiento y reconstrucción.

A poca distancia de allí, una niña más o menos de la misma edad, empezó una lucha paralela, pero no por mucho tiempo. No tardó en darse cuenta de que la marea era inevitable, y se puso a excavar huecos en la línea de la marea, mientras miraba cómo el agua los llenaba, los deshacía y luego retrocedía. El niño terminó enojado y frustrado — su castillo había quedado destruido a pesar de todos los esfuerzos que había hecho por controlar las mareas. La niña, en cambio, había descubierto un nuevo juego y había pasado una tarde doblemente placentera. Había aprendido, tanto literal como figurativamente, a aprovechar — la corriente.

No saber cuándo desistir, empeñarse inútilmente en proteger castillos de arena, es una de las causas principales del estrés y de la pérdida de creatividad. Tal como vimos en el capítulo 1, sentir que tenemos el control es fundamental para la salud. Por otra parte, si tratamos de ejercer un control demasiado estricto, corremos el peligro de acabar frustrados como el pequeñín de la playa. ¿Cómo resolver esta paradoja? Desarrollar la capacidad de discernir entre cuándo insistir y cuándo desistir es la clave para evadir el condicionamiento pasado y responder con nuevas soluciones a los desafíos de la vida. Esto significa ser flexible y estar consciente de sí mismo. Los japoneses dicen que es el bambú, el árbol flexible, el que puede doblarse con el viento y sobrevivir. El árbol rígido, que opone resistencia al viento, cae, víctima de su propia insistencia en ejercer el control.

El estrés como oportunidad

Es difícil saber cuán bien nos desempeñamos hasta que nos vemos sometidos al estrés. Shakespeare dijo: "Cuando el mar estaba tranquilo, todas las embarcaciones navegaban con igual maestría". Al presentarse una tormenta es cuando se ven obligados a enfrentarse con las dificultades y superarlas. Las tormentas y los esfuerzos, el caos y la tragedia, siempre han sido considerados como los maestros de lecciones valiosas, aunque desagradables. En la lucha por superar una situación estresante, con frecuencia surge un nuevo ser mucho más satisfactorio que el anterior. Todas las religiones y los grandes mitos y fábulas de todas las culturas tratan el cambio y la maduración recurriendo a los arquetipos de muerte y resurrección. La Pascua de Resurrección y la Pascua de los hebreos, simbólicas de muerte y resurrección, también constituyen metáforas para indicar nuestra liberación del condicionamiento pasado y de los conceptos anticuados — y el renacimiento a la libertad. El fénix que surge de sus cenizas y la semilla que muere para dar vida a la flor, son variaciones sobre el tema de la vida como un proceso continuo de crecimiento — un ciclo interminable de pequeñas muertes y renacimientos. San Pablo lo expresó elegantemente en el Nuevo Testamento cuando dijo: "Muero cada día".

¿Por qué, entonces, nos aferramos a lo viejo con tanto celo?

¿Cuál es el obstáculo que nos impide desistir inmediatamente? Ese obstáculo es el temor — la falta de confianza en nosotros mismos y en la vida. Si renuncio a una mala relación, quizás no se presente otra mejor. Si busco un trabajo nuevo, quizás me den uno peor. Si abandono mi desconfianza, quizás la gente me hiera y me defraude. El miedo anda disfrazado de necesidad de ejercer control, y el miedo nos priva de la oportunidad de ser libres.

A la mayoría de los norteamericanos no nos gusta pensar ni en el dolor ni en el sufrimiento. Somos un pueblo optimista, inclinado a considerar que el futuro se nos presenta como una promesa infinita. Por lo general eludimos el dolor hasta que nos hiera en forma tal que no sea posible seguir ignorándolo. La filosofía budista gira alrededor de lo inevitable del sufrimiento en la vida humana. La primera de las Cuatro Verdades Nobles simplemente afirma que la vida es sufrimiento. Las otras verdades exponen cómo las actitudes crean sufrimiento y cómo tales actitudes pueden ser modificadas.

El proceso de enfrentar el cambio sin sucumbir al estrés, y convertirlo en una oportunidad en lugar de una amenaza, lo puede realizar todo el que quiera aprender. He aquí cómo empezar:

Paso 1: Dispuesto a tomar consciencia

En una ocasión mi madre me aseguró que ignorar es ser feliz. Las cosas en las cuales no se piensa, no pueden causar daño. Este estilo de afrontamiento es verdaderamente popular, pero es una magnífica descripción del afrontamiento regresivo, que garantiza el estrés e impide el cambio.

La gente hace lo posible por pasar la vida cómodamente. Ninguna persona normal crea el sufrimiento deliberadamente. Los muros de protección que construimos para no tomar consciencia de nuestro sufrimiento parecen una buena idea. El problema es que nos convierten en prisioneros de nuestros propios conceptos equivocados. Los niños con frecuencia sienten miedo en la oscuridad porque toman cosas inofensivas, tales como la sombra de una camisa colgada de una silla, por monstruos horribles. Algunos tienen el coraje de encender la luz y echar una mirada. Estos son los afortunados. Otros pueden al menos pedir auxilio, y ellos también se libran de sus engaños. Pero los que optan por esconderse debajo de las frazadas, sin atreverse a respirar, están en la peor de las posiciones. Son prisioneros de su propia imaginación.

A medida que envejecemos, no es tan fácil esconderse debajo de las frazadas. Aprendemos, en cambio, a escondernos de nosotros mismos, de nuestros propios pensamientos y sentimientos atemorizantes. La mejor forma de conseguirlo es distrayéndonos — aprendiendo a ignorar los malos sentimientos y a pensar en otras cosas. Algunas personas se sienten tan bien que se olvidan totalmente de los sentimientos atemorizantes. Tal negación es la cuna en que se desarrolla el temor. El temor hace que nuestro cuerpo se ponga tenso. La mente responde produciendo asociaciones mentales condicionadas a la tensión. Por consiguiente, lo más probable es que los tipos de pensamientos que se formen sean preocupaciones y temores respecto a otras cosas.

Nancy, una de mis pacientes, tenía un matrimonio desastroso, pero no lo podía admitir. Su esposo se había alcoholizado. Por lo general, era retraído y hosco, y rara vez se acercaba a ella y a sus hijos con amor. Hacía mucho que Nancy había dejado de hablarle de su alcoholismo, pues él la trataba de regañona y la acusaba de ser ella la del problema.

No obstante, todavía se querían. Ella se sentía impotente y asustada, pero racionalizaba su situación, ocultando sus verdaderos sentimientos. Cuando hablamos de su marido, al principio dijo que no tomaba *tanto*; que era un padre bastante bueno, un profesional respetable, y que, en el fondo, era una persona gentil. Llevaban veinte años de casados, mucho más tiempo que muchos de sus amigos. Ella había desterrado su temor y su rencor a un lugar bien apartado de su ser, lo cual requiere gran cantidad de energía. Esta es la negación, el equivalente psíquico de esconderse debajo de las frazadas. El precio que ella pagó fue un estado de tensión crónica que se manifestó de dos maneras — físicamente como dolores de cabeza, náuseas e insomnio, y psicológicamente como una conducta compulsiva.

Nancy, quien se veía cansada y aparentaba tener más de los cuarenta y cinco años que tenía, se preocupaba constantemente por sus hijos adolescentes. Eran muchachos estupendos, pero la interminable procesión de ''qué tal que'' corría por su mente constantemente. Qué tal que los atropelle un automóvil, qué tal que se vuelvan drogadictos, qué tal que los atraquen o los violen, qué tal que se vuelvan frustrados o que se enfermen, y así seguía sin parar. No podía apartar las preocupaciones de su mente cuando se acostaba a dormir, de modo que el sueño se convirtió en un problema serio. Trataba de controlar todas las idas y venidas de sus hijos. Solamente sus enfermedades físicas la obligaron por fin a buscar ayuda y a empezar a comprender cómo su afrontamiento regresivo estaba afectándole tanto su salud como su paz interior. Superado este paso podía aprender lo que realmente significaba tener control — asumir la responsabilidad de su matrimonio.

Las preocupaciones se manifiestan tanto mental como físicamente — son un escenario perfecto para la creación de un círculo vicioso. Los pensamientos angustiosos, sean conscientes o reprimidos como los de Nancy, crean tensión a través de la fisiología de la respuesta de lucha o huida. La tensión física reduce nuestro enfoque mental y tendemos a preocuparnos más. El ciclo llega a sostenerse por sí mismo. Es posible preocuparse por cualquier cosa. Las personas que constantemente están preocupadas no gastan mucho tiempo en preocuparse por problemas actuales. Recurren más bien al inagotable depósito de recuerdos del pasado y de fantasías sobre el futuro. Algunas se vuelven supersticiosas, en cuyo caso preocuparse se convierte en un talismán que no permite que sucedan cosas malas. Es muy agotador estar constantemente buscando peligros, puesto que la mente puede crear nuevos peligros de la nada. El primer paso para librarnos del patrón de preocupación y exceso de control es tomar consciencia de nuestros temores. El segundo paso es cambiar la inclinación mental que está condicionada al miedo.

Paso 2: Liberación del médico interno

La vida tiende a la plenitud y al desarrollo. Aun las grietas inhóspitas de las aceras de la ciudad albergan semillas que harán lo posible por germinar, a pesar de las condiciones adversas. Sin embargo, cuando nuestra energía está atada a preocupaciones inútiles y a la lucha o a la huida, vamos en contra de la tendencia natural hacia el desarrollo y la plenitud. Es aquí donde entra en acción la respuesta de relajación.

La fisiología de la relajación es, en sí misma, curativa, puesto que crea un estado disminuido de alerta del sistema nervioso simpático, que reduce muchos de los síntomas causados o empeorados por el estrés. Su acción es doble. Lo mismo que un medicamento, la respuesta de relajación ejerce un efecto directo sobre el organismo y produce algunos efectos secundarios. Estos efectos secundarios son el resultado de tomar consciencia, que nos ayuda a romper nuestro condicionamiento.

Por medio de la meditación aprendemos a tener acceso a la respuesta de relajación y a estar conscientes de la mente y de la forma en que nuestras actitudes producen estrés. Esta capacidad de observar nuestra propia mente nos da la fortaleza necesaria para resistir el estrés. Al incitarnos a hacer preguntas sobre el significado de la vida, desarrolla una curiosidad por las cosas — un *compromiso*. Enseñándole a la mente a tomar consciencia y luego a desistir, la meditación nos capacita para asumir responsabilidad y ejercer *control*. Permitiendo que surjan nuevas actitudes, llegamos a entender que las amenazas de la vida son más fáciles de enfrentar si consideramos que son *desafíos*.

Además de desarrollar la fortaleza para resistir el estrés, la meditación, tranquilizando la mente, pone en libertad al médico interno para que pueda escucharse la propia sabiduría interna del organismo. Mi esposo cuenta una historia que se remonta a la época en que su familia inmigró a este país, cuando él tenía cerca de siete años. Poco después de llegar, una niña de cinco años se encaminó directamente hacia un puesto de naranjas y se comió tres o cuatro naranjas en pocos minutos — un prodigioso bocado para una niña tan pequeña. En su largo viaje, la pequeña había soportado condiciones físicas y emocionales que crearon la necesidad de vitamina C. Los científicos saben desde hace mucho tiempo que los niños cuyo sentido del gusto no ha sido afectado por el exceso de azúcar y de alimentos empalagosos, muy sazonados y grasosos, tienden a escoger una dieta perfectamente equilibrada. Es la sabiduría del organismo.

En otras ocasiones el cuerpo puede necesitar ejercicio, reposo o contacto físico. Cuando la sabiduría interna del organismo es opacada por la falta de atención debida a las preocupaciones, el resultado es similar al que se presenta cuando el apetito es mitigado por los dulces — no podemos escuchar la prescripción de nuestro médico interno. La meditación, mediante su capacidad de ayudarnos a gobernar la mente, restablece esa capacidad de escuchar lo que nos dice nuestro organismo, permitiéndonos escoger las mejores opciones.

Cuando la mayoría de nosotros pone atención a la mente y escucha lo que pasa en su interior, nos damos cuenta de una insistente conversación interna con nosotros mismos. Ese diálogo interior constituye el interminable flujo de pensamientos que hace observaciones acerca de nuestras experiencias. A menudo les ponemos más atención a esas observaciones que a lo que realmente está sucediendo, con el resultado de que no vivimos el momento. Vivimos en función de infinitas variaciones de viejos reestrenos de la mente. Si una vez sentimos terror en un callejón oscuro, tal vez siempre sintamos miedo en callejones oscuros, aunque no haya motivo para ello. Tan pronto como la mente percibe el callejón, vuelve a proyectar las viejas películas de temor y duda. Haciendo caso omiso de la realidad, sentimos temor y duda. Puesto que el depósito de nuestra experiencia pasada es tan vasto, el diálogo interior dispone de un inagotable material con el cual puede forjar una descripción lógica y segura del mundo.

¿Le es difícil recordar el nombre de alguna persona que le acaban de presentar? La mayoría de nosotros tiene esta dificultad. En lugar de prestarle atención al nombre de la persona, pensamos en otras cosas, por ejemplo en lo que vamos a decir, o en si estamos lo suficientemente cerca como para ofenderla con el ajo del antipasto que comimos la noche anterior, o en si le vamos a caer bien, o en si ella nos va a gustar, o en el tamaño de su nariz, en el color de su ropa, y en miles de ejemplos más. Estos pensamientos pasan por nuestra mente sin que estemos conscientes de ello; estamos "absortos" y no estamos "atentos" a lo que realmente está sucediendo, de modo que se nos escapa el nombre.

Todos experimentamos muchos momentos así. Pasamos a gran velocidad la salida de la autopista antes de que nos demos cuenta; abrimos la nevera y no podemos recordar para qué. Planeamos especialmente salir a comer, y, por triste que parezca, con frecuencia lo hacemos en un proverbial montón de basura compuesto de preocupaciones, temores, reproches y dudas.

El primer paso para volvernos plenamente conscientes es aprender a percatarnos del paisaje continuamente cambiante de pensamientos, sentimientos y percepciones que obstruyen la mente y nos impiden percibir la presencia del médico interno. Absortos en el diálogo interior, estamos sólo parcialmente despiertos, caminando como sonámbulos por la vida.

Para desarrollar un estado de consciencia interior, para dar testimonio y desistir de los viejos diálogos, usted necesita un punto de observación. Si usted saliera en un bote para observar las mareas a corta distancia de la costa, y se olvidara de echar el ancla, pronto sería arrastrado mar afuera. Así sucede con la mente. Sin un ancla que mantenga la mente en su sitio, ésta será arrastrada por el torrente de pensamientos. Habrá perdido su capacidad de observar lo que está sucediendo. La práctica de la meditación, la cual tranquiliza el cuerpo a través de la respuesta de relajación y fija la mente echando el ancla de la atención, constituye el instrumento más importante de autocuración y de autorregulación.

¿Qué es la meditación?

Meditación es toda actividad que mantiene la atención agradablemente anclada en el momento actual. Piense en una actividad de la que usted realmente disfruta. Estoy sentada aquí ante la máquina de escribir, y es un día caluroso de verano. Estoy sudando profusamente y por un momento fantaseo. Me acerco a un hermoso lago. Veo los árboles, las flores y el pasto. Una brisa cálida me acaricia. Ahora entro en el lago y luego me zambullo. Me detengo y disfruto de la sensación que me produce el agua refrescante. Por un momento el mundo se detiene. En el olvido quedaron los libros, las cuentas, las compras, los vínculos o cualesquiera otros pensamientos. Me entrego al placer inmediato del agua. Esto sí es gozar. Entregarse. Abandonar todas las demás cosas que lo apartan a uno de este instante.

Una de mis pacientes, llamada Sally, había perdido todo interés en su vida sexual. Le pregunté lo que pasaba por su mente cuando hacía el amor. Me dijo que ella y su esposo hacían el amor los sábados por la mañana. Su mente por lo general se quedaba absorta en la elaboración de una lista de las actividades del día.

Trabajaba toda la semana y el domingo estaba reservado para ir a misa y visitar a la familia, de modo que el sábado era el día para hacer las compras, arreglar la casa y efectuar otras diligencias. Como su mente estaba en la lavandería, ¡no había nadie en casa para disfrutar del sexo!

Para volver a tener una vida sexual satisfactoria, Sally tuvo que tomar consciencia de las causas de su problema — la hora que ella y su esposo habían escogido y la forma como su mente reaccionaba. Ella enfrentó ambas escogiendo otra hora y readiestrando su mente a través de la meditación, aprendiendo a entregarse, a dejar que la experiencia siguiera su curso. *Estos dos caminos — actuar cuando sea necesario y desistir cuando ninguna acción adicional resulta posible — son los caminos que nos permiten adquirir la fortaleza para resistir el estrés.*

Como todos tenemos períodos de concentración, el estado de meditación en realidad es bastante familiar. Ocurre siempre que estamos totalmente embebidos en lo que estamos haciendo. En todos esos casos ocurre un desplazamiento entre lo que está en el primer plano de la mente y lo que está en el fondo de la misma. Piense en cómo se siente usted cuando realmente está en el momento presente desempeñando alguna actividad. Puede estar esquiando, nadando, leyendo un buen libro, haciendo el amor, plantando matas de flores — cualquier cosa que embargue su atención. Deténgase un minuto y recuerde esta sensación. Una sensación de paz, ¿no es cierto?

Esta vez la mente no está repasando la lista de cosas que deben suceder antes de que podamos ser felices; no está recitando la lista de cosas horribles que podrían suceder para despojarnos de nuestra felicidad; le cedió su puesto a la simple función de *ser*. Este es el estado meditativo que induce la respuesta de relajación. Es paz. Tal como lo estudiaremos más detalladamente en el capítulo 4, el estado de paz que todos estamos buscando está presente todo el tiempo. El problema es que no podemos apreciarlo si la mente está en estado de agitación y desorden.

Aprender a meditar es lo mismo que aprender cualquier otra cosa. El primer requisito es la motivación. Sin ella, no hay energía para hacer el esfuerzo. Para la mayoría de nosotros, esto no constituye problema alguno. El estrés, el dolor, el sufrimiento, la ausencia de paz interior — estas circunstancias adversas se convierten en oportunidades porque nos obligan a cambiar.

El segundo requisito es el esfuerzo. Es necesario practicar si se quiere aprender. Una semana de práctica vale más que toda la lectura del mundo. Se requieren por lo menos diez o quince minutos diarios para comenzar a aprender a meditar.

El tercer requisito es la determinación. Por regla general la gente desiste cuando cree que no podrá realizar bien una actividad. La meditación no es una excepción. Puesto que su atención está enfocada en la mente, lo primero que advertirá será su turbulencia, lo mismo que sus momentos de paz. Si usted interpreta la turbulencia como "Yo no puedo hacer esto", su mente le ganó, valiéndose de uno de sus trucos favoritos, tema que será tratado en el capítulo 6.

Recuerdo la época en que aprendí a trotar. Estaba en muy malas condiciones físicas. Mis pulmones habían pagado un precio muy alto por haber fumado en exceso durante diez años. Además, yo provenía de una familia en la que nadie había oído hablar jamás de ejercicio; la idea que teníamos de un buen estado cardiovascular era aumentar la frecuencia cardíaca ¡tomando café y fumando cigarrillos! Al comienzo, trotar era una tortura. Cada paso daba testimonio del hecho de que yo no estaba hecha para el ejercicio. Sin embargo, lo que me hizo perseverar fue el recuerdo de un programa de televisión que presentó a una mujer mayor que aprendió a trotar y ahora corría 72 kilómetros a la semana. Ella había comenzado a correr de ida y vuelta entre su casa y el buzón — unos pocos metros. Luego trotaba en la calle y después caminaba hasta recobrar el aliento. En un par de semanas ya podía trotar 1.5 kilómetros, luego 2, hasta que llegó a correr 13 kilómetros sin parar.

Eso me impresionó. Yo era más joven y mucho más delgada. No tenía excusas. Cuando trotaba, los pulmones me ardían y las piernas me dolían. Mi mente me decía: "Te lo dije, Joan, toda la familia Zakon (mi apellido de soltera) tiene los pulmones pequeños; nunca podrás lograrlo". Sin embargo, yo tenía un arma secreta, porque sabía meditar y subyugar la mente, ignorándola. Con cada inspiración repetía la frase, "Si ella puede hacerlo", y con cada espiración repetía "yo tarnbién". Y pude. Después de algunos meses, incluso yo, la de las pésimas condiciones físicas, podía correr 8 kilómetros.

Recuerde: *Cuando esté practicando, simplemente hágalo; no se desanime*. La mente de usted tardó años en construir su andamiaje de trucos y preocupaciones; llevará tiempo desmontarlo. *No evalúe su desempeño*. Lo mismo que la persona que principia a trotar, usted debe pensar: "Estupendo — lo hice". No diga: "Fue un trote estupendo" o un "trote terrible". Fue un trote. Eso es suficiente.

Usted ya sabe que la meditación no es más que anclar su atención en el presente. Eso es exactamente lo que yo estaba haciendo en el ejemplo del trote. En lugar de perderme en las quejas de mi mente, me concentré en respirar. Respirar es un punto de enfoque neutral que está con nosotros cada instante del día. Respirar es un ancla o punto de enfoque, común a muchas formas tradicionales de meditación. Para anclar la mente todavía más firmemente, con frecuencia se agrega una palabra o frase, que se repite en silencio, simultáneamente con la respiración. "Si ella puede hacerlo... yo también" es un buen ejemplo de frases de enfoque [concentración, innovación], con frecuencia llamadas *mantrams*, que se usan en la meditación. Son como escobas que barren la mente para despejarla de otros pensamientos.

Las palabras de enfoque pueden ser neutrales, sonidos carentes de sentido o frases significativas. En su reciente libro, *Beyond the Relaxation Response: The Faith Factor* [Más allá de la respuesta de relajación: El factor de la fe], el doctor Herbert Benson escribe sobre el poder que tiene la fe de una persona y cómo esa fe puede apoyar la práctica de la meditación. Cuando el doctor Benson estudió la literatura universal, tanto la secular como la no secular, en busca de instrucciones acerca de la meditación, encontró un enfoque tradicional japonés que usaba el conteo como enfoque. Se inspira, se espira y se cuenta uno. Al completar el siguiente respiro se cuenta dos, y así sucesivamente, hasta llegar a diez. Luego se cuenta de diez hacia atrás durante los siguientes diez respiros.

Cuando el doctor Benson ensayó este enfoque en un experimento de laboratorio con estudiantes voluntarios, obtuvo un resultado inesperado. Fue tan grande la ofuscación de los estudiantes cuando repetidamente perdieron la cuenta, que fueron incapaces de inducir la respuesta de relajación. Todo lo que pudo medir fue su angustia de desempeño. Les dijo que se olvidaran de contar y que sólo siguieran con la palabra *uno*. Inspirar, espirar y repetir *uno* en cada espiración. Esto dio buenos resultados, y así pudo documentar los efectos fisiológicos de la meditación.

Sin embargo, la misma palabra no dará resultado con todo el mundo. Analicemos a mi primer paciente: Alan era ejecutivo de una compañía de computadores; llegó a la clínica para aprender la respuesta de relajación con el fin de contrarrestar las náuseas y el vómito producidos por la quimioterapia que estaba recibiendo para combatir el cáncer. Cerramos los ojos y le pedí que relajara el cuerpo. Le ordené que solamente se fijara en su respiración, repitiendo la palabra *uno* en cada espiración. Al cabo de unos minutos oí que estaba respirando más rápido que antes, y cuando abrí los ojos, vi que sus músculos faciales estaban tensos. Interrumpí la meditación y le pregunté qué le sucedía. Me contestó que el número *uno* era el logotipo de su compañía y que al pensar en él se sentía angustiado por el trabajo que tenía pendiente, por su enfermedad y por muchas otras cosas. Así que escogimos un enfoque diferente, uno que evocara una sensación de paz, y ésa fue la solución.

Algunas personas prefieren un sonido neutral. Para ellas la palabra *uno* funciona sin problema. En la meditación tradicionalmente se usan sonidos como *mmm* y *nnn*, porque evocan asociaciones agradables como dejar de luchar y gozar. Otras personas prefieren una frase que tenga algún significado. *Paz, amor* y *relajarse* son palabras elegidas muy frecuentemente. Inclusive hay otras personas que usan algunas palabras o una frase de una plegaria — ya sea una plegaria familiar o una plegaria que sale espontáneamente del corazón.

Con frecuencia les enseño a mis pacientes a meditar cuando hemos concluido la evaluación inicial. Es maravilloso escuchar las frases de enfoque que escogen y tener la oportunidad de observar cuando las ensayan. Cada una de estas frases produce una sensación diferente y evoca una inclinación mental distinta. Una de mis pacientes escogió recientemente el enfoque "Amado Señor" al inspirar, y "me encomiendo a tu voluntad divina" al espirar. La paz que se producía cuando ella meditaba con ese enfoque era palpable. La fuerza y la belleza de su fe aumentaron al escoger a Dios como su único enfoque. Esta es la razón del uso religioso de la meditación. Los pensamientos en Dios son mucho más poderosos cuando pasan a ocupar el primer plano que cuando se entremezclan con las preocupaciones cotidianas que se hallan en el fondo de nuestra mente. El uso de la meditación en los deportes o en la enseñanza de actividades creativas es similar. La mejor forma de compenetrarse con la tarea que se va a realizar es tener la mente concentrada.

Las formas orientales de meditación han empleado tradicionalmente palabras o frases de enfoque llamadas mantrams. Un mántram es una palabra con significado espiritual. Por ejemplo, la palabra sánscrita *Om* tiene el mismo significado que *el verbo* en el cristianismo. Se refiere al sonido o vibración primordial que creó el universo. Los físicos podrían decir que es el sonido del eco de la *Gran Explosión* que dio origen al mundo. Los neurofisiólogos podrían decir que es una buena palabra para la meditación, pues embarca a la mente en asociaciones agradables — *mmm* es el prototipo del placer.

La elección de una palabra de enfoque es un asunto que requiere verdadera contemplación. Si usted tiene creencias religiosas, podría elegir una palabra o una frase de su propia tradición. O si no, podría elegir algo que evoque una sensación cuyo significado sea importante para usted. Puede ser cualquier cosa. Un paciente extremadamente tenso escogió un enfoque perfecto para recordarle el cambio de prioridades que era absolutamente indispensable para su salud. El enfoque que escogió fue: "Mi propio ritmo".

Si a usted no se le ocurre un enfoque propio, ensaye un mántram sánscrito muy antiguo, *Ham Sah*. Supuestamente imita el sonido de la inspiración y de la espiración. Lo denominan mántram natural porque se repite día y noche sin parar. Sólo hay que ponerse a escucharlo. *Ham* significa "Yo soy" y *Sah* quiere decir "Eso". Se considera que *Eso* es la parte de la mente que presencia todas nuestras experiencias — o la consciencia misma. Exploraremos ese tema con más detalle en el capítulo 4. Si usted es una persona religiosa, puede imaginarse que esta consciencia que reside en su interior es su conexión con Dios. Si no es religiosa, puede considerarla simplemente como consciencia, como el poder que tiene la mente de superarse a sí misma por medio del acto de la autoobservación.

El proceso de la meditación

1. Escoja un lugar tranquilo donde no lo interrumpan otras personas o el teléfono. Eso también se hace extensivo a los animales. Si tiene un perro o un gato, éste encontrará la forma de acomodarse en sus rodillas, de modo que asegúrese de que permanezca en otra habitación.

Muchos estamos acostumbrados a estar disponibles para todo el mundo; ésta es una ocasión en que usted no debe estar para nadie. *Debe sacar tiempo para usted mismo*. Si no lo hace, si siempre les da prioridad a otras cosas, nunca será feliz, ni hará felices a otros.

En nuestra casa existe una regla inquebrantable sobre la meditación: No interrumpa a menos que sea un asunto de vida o muerte. Así de simple. Este es su tiempo. Tiempo que saca para usted mismo con el fin de lograr un entendimiento más pleno de las acciones recíprocas de su mente, su cuerpo y su espíritu.

2. Siéntese en posición cómoda, con la espalda recta y los brazos y las piernas sin cruzar, a menos que prefiera sentarse en un cojín, en el piso, con las piernas cruzadas.

3. Cierre los ojos. Esto facilita la concentración.

4. Relaje los músculos sucesivamente desde la cabeza hasta los pies. Este paso ayuda a romper la conexión entre los pensamientos estresantes y un cuerpo tensionado. Por ahora limítese a tomar consciencia sucesivamente de cada parte del cuerpo, aflojando todo lo que pueda con cada espiración. Ahora inspire profundamente en el lapso de un segundo. Espire. Observe cómo su cuerpo se relaja cuando usted espira. Este es el conocido suspiro del alivio. La fuerza de atracción de la gravedad siempre está presente, estimulándonos a ceder a su fuerza; pero si no estamos conscientes de que estamos tensos, no puede haber relajación. Observe sus hombros. ¿Hay posibilidad de bajarlos aun más, cooperando con la gravedad y con su propia espiración? Cada espiración es una oportunidad de relajarse.

Empezando en la frente, dése cuenta de la tensión a medida que va inspirando. Deshágase de cualquier tensión evidente a medida que espire. Recorra así el resto del cuerpo, hacia abajo, pasando a los ojos, la mandíbula, el cuello, los hombros, los brazos, las manos, el pecho, la espalda superior, la parte media y el diafragma, la espalda inferior, el vientre, la pelvis, las nalgas, los muslos, las pantorrillas, y los pies. Esto sólo debe tardar uno o dos minutos.

5. Tome consciencia de su respiración, observando cómo inspira y espira, sin tratar de controlarla en forma alguna. Usted respira constantemente, esté o no consciente de ello. Más que un movimiento voluntario, la respiración es automática. En el siguiente capítulo nos ocuparemos del control de la respiración como un atajo para inducir la respuesta de relajación. Sin embargo, para los fines de la meditación, *deje que la respiración se realice por sí misma*. Puede observar que su respiración se torna más lenta y menos intensa a medida que va progresando la meditación. Eso se debe a los efectos fisiológicos de la respuesta de relajación, al hecho de que su organismo requiere menos oxígeno porque su metabolismo se hace más lento.

6. Repita su palabra de enfoque en silencio, simultáneamente con la respiración. Usted puede haber elegido una palabra o una frase para repetirla solamente al espirar, o una frase que esté separada en dos partes, una al inspirar y la otra al espirar. En el caso de *Ham Sah*, simplemente escuche su respiración, imaginándose que suena como *Ham* al inspirar y *Sah* al espirar.

7. No se preocupe por cómo lo está haciendo. Apenas empiece a preocuparse de si está haciéndolo correctamente, cambia la meditación por la angustia. Indudablemente lo hará muchas veces al comienzo; es simplemente la costumbre que tiene la mente de dudar de nuestro propio desempeño y criticarlo. Si usted observa esa tendencia, trate de calificarla como una *forma de juzgar*, luego olvídese de ello y regrese a la respiración y al enfoque, que son sus anclas en los vaivenes de la mente.

Su mente sólo se detendrá durante unos pocos segundos a la vez, si es que lo hace, de modo que no cuente con ello. Lo que sucede es que usted, esa parte de usted que puede observar o presenciar los subterfugios de la mente, está aprendiendo a contraer sus músculos. Cada vez que advierta que se ha dejado llevar por los pensamientos, trate de darle un nombre a lo que estaba pasando por su mente, si estaba *pensando, pensando* o *enojado, enojado* o *juzgando, juzgando* y luego olvídese de ello y vuelva al ancla. De esta manera empieza a entrenar su mente en la toma de consciencia — el antídoto de la negación y de la inconsciencia mental. La consciencia que usted desarrolla en la meditación empezará a extenderse a la vida, permitiéndole mayores alternativas sobre la forma en que responde y restableciendo su capacidad de disfrutar la vida. En la meditación existen dos opciones básicas: continuar observando la sucesión de pensamientos como un testigo indiferente o desistir y regresar a la respiración. Inevitablemente, usted hará ambas cosas.

La experiencia y la queja más comunes sobre la meditación son: "No puedo evitar que mi mente divague". Eso está bien. No haga el intento. Sólo practique recuperar la concentración cuando se dé cuenta de sus divagaciones. San Francisco tenía un magnífico comentario sobre los pensamientos que divagan: No podemos impedir que los pájaros vuelen de un lado para otro sobre nuestra cabeza, pero sí podemos impedir que aniden en nuestro pelo. Trate de hacer simplemente eso. Deje que los pensamientos vayan y vengan como si fueran pájaros que vuelan a través del cielo azul de una mente despejada. El azul despejado que usted percibirá cuando los pensamientos se desaceleren es paz. Paz interior.

8. Practique por lo menos una vez al día de diez a veinte minutos. Recuerde que la práctica es indispensable para progresar en cualquier actividad. En la meditación, son dos sus objetivos. La sesión misma es el objetivo. En el sentido real de la palabra, el proceso es el producto. Su único objetivo es sentarse y hacer la meditación. Aunque parezca que lo único que está haciendo es dar caza a su mente para aprisionarla de nuevo, es de admirar que a pesar de eso, lo más probable es que se produzca la respuesta de relajación. Mucho antes de que los pacientes piensen que saben "cómo hacerlo", empiezan a notar que en general se sienten más tranquilos y que sus síntomas están empezando a mejorar. El segundo objetivo es que, desde luego, la meditación se hace más fácil y produce una paz mucho más profunda luego de repetidas prácticas.

Si puede sentarse a meditar dos veces al día durante diez o veinte minutos, tanto mejor. Los momentos más apropiados son por la mañana temprano, luego de una ducha y de los ejercicios, si usted acostumbra hacerlos, pero antes del desayuno o antes de la cena. No es conveniente practicarla cuando uno está cansado, simplemente porque la meditación es un ejercicio de concentración, y cuando uno está cansado, se queda dormido; ni inmediatamente después de una abundante comida, pues el proceso de la digestión produce pesadez.

✺ Relea las instrucciones y medite durante diez o veinte minutos antes de seguir leyendo.

La experiencia de la meditación

Las personas que se inician en la meditación tienen una o más de estas tres experiencias básicas: la relajación, el sueño o la angustia. Examinemos cada una de ellas en forma más detenida mientras usted analiza la experiencia de su propia meditación.

Relajación

La mayoría de la gente experimenta por lo menos unos cuantos minutos de relajación durante la meditación. Es fácil de entender por qué. En los momentos en que la mente ocupa una posición secundaria y el diálogo interior se hace menos intenso, lo que queda es la experiencia de existir en el presente. Aun cuando esa experiencia consista simplemente en observar la respiración y repetir el enfoque, produce una sensación de relajación y paz, porque ese estado es lo que nuestra naturaleza básica es en realidad. Experimentamos paz siempre que la mente se desacelera. Puesto que no siempre podemos practicar el esquí, o dedicarnos a la jardinería o a cualquier otra actividad predilecta que desacelere nuestras mentes y por lo tanto nos dé paz interior, la meditación se convierte en una minivacación portátil. Siempre podemos experimentarla. Tal como veremos en los siguientes capítulos, la meditación no tiene que limitarse a períodos de diez o veinte minutos. Puede practicarse durante un minuto o durante unos pocos minutos a cualquier hora del día. Además, uno puede dedicarse a cualquer actividad como si se tratara de una meditación. *El objetivo final de la meditación es estar constantemente consciente de la experiencia, de modo que la relajación y la paz interior se conviertan en la regla y no en la excepción.*

Sueño o somnolencia

Aprender es cuestión de asociación. Cuando cerramos los ojos con el propósito de relajarnos, el sueño es la respuesta condicionada que el organismo mejor conoce. En realidad, el sueño no puede producirse hasta que nos hayamos relajado, razón por la cual la preocupación y la emoción con frecuencia producen insomnio. Por lo tanto, es común quedarse dormido o al menos estar soñoliento cuando se empieza a aprender a meditar. La forma de evitarlo es mantener la espalda derecha y no adoptar una posición demasiado cómoda. A menos que tenga un problema físico que le impida meditar sentado, no medite acostado. Esto invariablemente atraerá el sueño. Con el tiempo, el organismo se reacondiciona de tal modo que el sueño no constituya una respuesta automática cuando uno se relaja con los ojos cerrados. Se hace más fácil mantener un estado de concentración relajada.

Sin embargo, si tiene dificultades para quedarse dormido de noche, meditar acostado es una gran idea. La mayoría de la gente encuentra que la meditación es una gran ayuda para conciliar el sueño y para dormir más profundamente. Inclusive si usted se duerme minutos después de poner la cabeza en la almohada, siempre es bueno meditar porque el sueño se torna mucho más reposado.

El estado de sueño es variable. Todo el mundo ha tenido la experiencia de dormir durante ocho horas y despertarse completamente renovado en la mayoría de las ocasiones, pero agotado en otras. Parte de la variación tiene que ver con lo que sucede durante los períodos de movimiento rápido de los ojos, o sueño REM, cuando la persona está soñando. Como el organismo no puede distinguir entre lo que sucede realmente y lo que es producto de la imaginación, ya sea en sueños o estando despierto, el cuerpo revela lo que sucedió durante el estado de sueño. Si los sueños son intranquilos, tensos o perturbadores, ello se reflejará en cuán descansado se sienta uno al despertarse.

Nunca se acueste escuchando radio o televisión. Ya es suficientemente malo tener que competir con lo que su propia mente fabrica sin agregar las fantasías negativas de otros, provenientes de programas de televisión y particularmente de entrevistas por radio. Tal como veremos en el capítulo 4, la mente consciente y la inconsciente se encuentran muy cercanas entre sí en el momento de dormirse, como lo están durante la meditación, y uno está particularmente receptivo a las influencias perturbadoras en esos momentos. Protéjase contra esas influencias acostándose en un ambiente tranquilo. Si tiene que escuchar radio, seleccione música apacible.

Si se despierta durante la noche, ensaye meditar para dormirse de nuevo. Probablemente ya se haya dado cuenta de que contar ovejas es una forma de meditación. Meditar por períodos regulares durante el día desarrolla los músculos mentales de la distensión y facilita recurrir a ellos cuando hay que enfocar la mente y relajarse para poder conciliar el sueño. Más o menos la mitad de la gente que acude a la Clínica para la Mente y el Cuerpo presenta irregularidades en el sueño. O bien tiene dificultades para dormirse, o bien dificultades para permanecer dormida, o se despierta demasiado temprano por la mañana y no puede dormirse de nuevo. Un gran número de personas descubre que puede dormirse de nuevo luego de varias semanas de practicar la meditación.

Si usted sufre de insomnio, vale la pena que tenga en cuenta algunas sugerencias. Primero, deje las bebidas que contienen cafeína. Le asombrará la rapidez con que mejorará su sueño. Segundo, jamás use bebidas alcohólicas para entrar en somnolencia y así poder dormir. Unas pocas horas después de haberse tomado un trago, hay una fase de reacción en la que el sistema nervioso simpático se excita, muy similar a la respuesta de lucha o huida. Ese cambio en el sistema nervioso con frecuencia hace que las personas se despierten con una sensación de ansiedad y desasosiego. Tercero, cuídese de los somníferos y no los utilice sino como una medida temporal para combatir el estrés extremo. El organismo se habitúa rápidamente a la mayoría de los somníferos y requiere progresivamente dosis mayores de la misma medicación para producir los mismos resultados. La "resaca" matutina destruye la capacidad de concentración y simplemente alimenta el ciclo de estrés y tensión que los somníferos debían haber interrumpido. Si actualmente es adicto a los somníferos haga que su médico le prepare un programa de supresión gradual de la droga, substituyéndola por la meditación. Cuarto, si se despierta por la noche y no puede dormirse de nuevo en quince minutos, levántese y medite. Esto convertirá un tiempo ocioso en una oportunidad de descansar muy profundamente. Algunos de los experimentos iniciales que el doctor Benson realizó indicaron que el metabolismo del cuerpo, medido con base en el consumo de oxígeno, disminuye más durante un período de meditación de veinte minutos que durante ocho horas de sueño. La fisiología hipometabólica y tranquilizante de la respuesta de relajación substituye algunas de las horas de sueño perdidas, y al día siguiente usted se sentirá mucho mejor.

La gente que acostumbra hacer siesta descubrirá también que diez o veinte minutos de meditación constituyen un método mucho mejor para recargar las baterías que una siesta de media hora o de una hora. Ensáyelo y lo verá.

Angustia

Cerca de la mitad de las personas que comienzan a meditar se angustian en algún momento durante la meditación. La razón es sencilla: La meditación es un tiempo en que uno se queda solo con su propia mente. No hay distracciones. Todas las preocupaciones que quizás uno está tratando de controlar manteniéndose ocupado tienen la oportunidad de irrumpir en su mente y competir por su atención. A ese fenómeno lo llamo el desfile de las angustias. Varía desde la experiencia común y corriente tipo "Lista de lavandería", que consiste en repasar todas las cosas que uno tiene que hacer, hasta la súbita percepción de todas las cosas que no ha hecho todavía — llamadas telefónicas olvidadas y cosas por el estilo — incluyendo problemas más profundamente arraigados.

Si usted adopta la posición de observar las preocupaciones, tal como lo sugirió San Francisco, dejando simplemente que entren y salgan sin aferrarse a ellas y sin permitirles que aniden en su pelo, poco a poco parecerán menos abrumadoras. Al igual que a un niño porfiado que tira de la falda de su madre para que le preste atención, a la mente hay que recordarle con gentileza que éste es el momento de relajarse en vez de aferrarse, y no tardará en hacer la nueva asociación y desacelerar su ritmo.

La razón más universal para experimentar angustia durante la meditación es la angustia de si lo estaremos haciendo bien. Casi todo el mundo decide alguna vez que lo está haciendo mal. La gente se preocupa por la tendencia de la mente a divagar, pero no hay cosa más normal que advertir el diálogo interior que se está desarrollando. *El objetivo primordial de la meditación no es practicar la relajación — es tomar consciencia. Esto lleva finalmente a recuperar el control sobre la mente. La relajación es un efecto secundario que se produce al aprender a meditar.* Por consiguiente, una meditación intranquila es por lo general una mejor experiencia de aprendizaje que una meditación en que la mente se tranquiliza. Con el tiempo, la mente desacelerará su ritmo cada vez más rápidamente, a medida que se desarrolla la habilidad de tomar consciencia y se toma la decisión de distensionarse.

La meditación es una forma de arte marcial mental. No es que la mente deje de atacar, sino que nosotros aprendemos a asumir una posición diferente frente al ataque. Si usted empieza a reprenderse por estar intranquilo, habrá aceptado la invitación al combate que le ha tendido su mente, y combate es lo que experimentará en forma de tensión y angustia. Aprenda, en cambio, a adoptar la posición del estudiante de karate. Muévase a un lado con gracia y deje que los pensamientos pasen corriendo sin comprometerlos en una lucha. De esa manera la mente va cansándose mientras usted ocupa la posición central de ser testigo de sus propios pensamientos.

El proceso de la meditación es similar al de tratar de cuadrar su chequera con la televisión encendida. Al comienzo usted dedica toda su atención a sumar los cheques, concentrándose en lo que está haciendo. Luego algo ruidoso ocurre en la televisión, quizás un comercial. Por un momento esto embarga su atención. Usted se pone a mirar el programa. Tarde o temprano dice: "Un momento, yo debiera estar cuadrando mi chequera'', y deja a un lado la televisión para dedicarse nuevamente a la chequera. Este constante ir y venir puede continuar por mucho rato. Otro tanto sucede con el proceso de meditación. Cuando usted termine de cuadrar los libros, no dirá: ''Cómo soy de incompetente para cuadrar chequeras — me distraigo constantemente''. Es mucho más probable, en cambio, que se muestre complacido por haber concluido la tarea. Lo mismo sucede con la meditación. *Recuerde que la única definición de una buena meditación es la que usted hizo.*

Puesto que la meditación es un proceso de toma de consciencia, cada día estará usted más enterado de lo que sucede en su mente. En ocasiones pueden manifestarse viejos recuerdos e incidentes que habían caído en el olvido. Algunos de ellos pueden ser inquietantes. Eso es natural y bueno. Considérelo análogo a la forma en que el organismo se deshace de una astilla. Al principio la astilla produce dolor, pero está demasiado profunda para poderla sacar, y pronto el organismo ya no la siente. Análogamente, cuando sucede algo doloroso que no se puede solucionar en ese momento, la experiencia se refugiará en algún lugar recóndito de su inconsciente. Este es el mecanismo de negación. Tarde o temprano, el organismo montará una respuesta contra la astilla, y a su alrededor se desarrollará primero una irritación y luego una infección. La subsiguiente infección causará algo de presión y de dolor, pero como resultado de este proceso, la astilla enterrada será impulsada a la superficie y finalmente expulsada. En la meditación, las astillas de la mente también lograrán salir a la superficie, donde usted podrá darse cuenta de su presencia y finalmente tomar medidas para resolver la causa de la molestia. En algunos casos usted se verá obligado a actuar, así como lo hizo Nancy al tener que hacer frente a su esposo con verdadera determinación. En otros casos, usted resolverá ceder. En los siguientes capítulos seguiremos tratando el tema de cómo usar la consciencia creada por la meditación.

🌐 *Sugerencias para el lector*

1. Medite diariamente, una vez, o mejor dos veces, durante diez o

veinte minutos cada vez. Un reloj de cocina podría servirle de señal, pero no se asuste si la alarma es demasiado ruidosa.

2. Destine algún lugar especial de su casa para la meditación. Recuerde, la mente aprende por asociación. Cuando usted se sienta a la mesa a comer, probablemente experimenta hambre, salivación y otras respuestas relacionadas con la comida antes de que ésta realmente sea servida. Cundo usted se acomoda en su silla de televisión, su mente se sumerge de inmediato en un estado receptivo de ver televisión. Cuando usted está parado frente al *closet* de ropa, su programa *"es tiempo de vestirse"* asume el control, de modo que usted puede funcionar en forma eficiente. Lo mismo sucede con la meditación. El lugar donde usted acostumbre meditar se llenará de la energía de esa actividad. Muchos de mis pacientes han comentado que cada vez que pasan por el lugar donde practican la meditación, tienen una sensación de paz y de relajación aun cuando no se sienten a meditar en ese momento.

Su lugar de meditación puede ser cualquier rincón, o una habitación, si ésta tiene espacio disponible, donde no haga ninguna otra cosa. Conviértalo en un lugar placentero y tranquilo. A algunas personas les agrada decorar el sitio con cuadros o matas especiales o con objetos que sean significativos. Es preferible que su silla o su cojín de meditación estén reservados exclusivamente para esa actividad. Puesto que usted estará sentado sin moverse durante diez o veinte minutos, la posición que adopte es muy importante. Debe sentirse cómodo y bien estable. Por lo general, las sillas blandas son las menos cómodas porque proporcionan un apoyo inadecuado. Una silla dura con un espaldar recto es el tipo de asiento más cómodo. Puede colocar un cojín detrás de la parte inferior de la espalda para mantener la columna derecha, lo cual le ayudará a sentarse en posición cómoda y reducirá la posibilidad de que se duerma.

Como permanecerá sin moverse durante un período prolongado, es posible que sienta frío aunque la temperatura de su piel esté cálida. Por lo tanto, abríguese con un suéter o con un chal para que la incomodidad física no sea motivo de distracción. *Recuerde: este momento es sólo para usted. Hágale saber a su familia que se trata de algo importante para usted y que no deben interrumpirlo.*

3. Recuerde que no debe juzgar cómo lo está haciendo. En realidad, no trate de juzgar cosa alguna en la meditación. Llevada a la excelencia, la meditación es un estado de consciencia que no admite juicio. Deje que su juez y su crítico descansen durante un tiempo. Es un verdadero alivio.

3

Cómo romper el ciclo de la angustia

Roger tenía 27 años y era gerente de división de una firma de alta tecnología; llegó a la Clínica para la Mente y el Cuerpo con dos problemas relacionados: hipertensión y miedo a hablar en público. Su presión sanguínea había estado alta durante unos dos años, casi el mismo tiempo durante el cual había estado ocupando el cargo actual. Calificado de "niño prodigio", había escalado rápidamente los rangos gerenciales, tratando compulsivamente de mantener bajo control todas las situaciones posibles.

Llegó diez minutos antes de la hora prevista para nuestra primera reunión. Yo tenía que hacer una pequeña diligencia y alcancé a verlo cuando salía de mi oficina. Estaba sentado en el borde de su silla, y movía nerviosamente la pierna derecha hacia arriba y hacia abajo, mientras hojeaba rápidamente un artículo sobre la clínica. Luego de una breve demora en la oficina de registros médicos, llegué con cinco minutos de retraso a nuestra cita. ¡Qué hombre tan enojado!

En el curso de su evaluación, Roger seguía jugando a derrotar el reloj. Era agresivo, a menudo hostil y conflictivo. Se mostraba tan inquieto que no dejaba de moverse aunque estuviera sentado; movía nerviosamente la pierna y cambiaba constantemente de posición. Parecía un tigre listo a lanzarse al ataque. Su tensión corporal era el reflejo de su tensión mental. Roger podía pensar en seis cosas a la vez — llamadas telefónicas, planes para la cena, citas — y con frecuencia trataba de atenderlas todas al mismo tiempo — rasgo conocido como conducta polifacética.

La investigación fisiológica indica que las personas como Roger — personalidades Tipo A — tienen un sistema nervioso simpático más reactivo — el sistema de lucha o huida — que las del Tipo B. Cuando el alertamiento acrecentado del sistema nervioso simpático es crónico, el colesterol seroso, la presión sanguínea y el débito cardíaco se elevan, lo cual incrementa el riesgo de la enfermedad arterial con crisis coronaria. Es como si las personas del Tipo A consideraran que casi toda situación es una amenaza y estuvieran siempre listas para actuar.

La investigación más reciente sobre la conducta del Tipo A señala que la hostilidad tiene mucha correlación con la enfermedad cardíaca. En mi sesión con Roger, éste explicó cómo había aprendido a mantener su ira bajo control, conteniéndose para no reprender a las personas cuando éstas no hacían las cosas exactamente como él lo había ordenado. Se enojaba también por cualquier cosa que se opusiera a su afán de controlar las cosas, tal como tener que esperar en fila. Sin embargo, reprimir la ira es muy peligroso para el organismo, pues es causa de hipertensión y de otros cambios cardiovasculares perjudiciales. Aprender a controlar las emociones, cosa que haremos en el capítulo 7, fue parte importante del tratamiento de Roger, lo mismo que romper el ciclo de angustia e impaciencia, usando las dos técnicas que usted aprenderá en este capítulo.

Roger me dijo con toda franqueza que deseaba bajar su presión sanguínea modificando su conducta a fin de evitar los medicamentos, algunos de los cuales pueden producir irregularidades en el funcionamiento sexual de los hombres. Antes de su visita, Roger ya había iniciado un programa para mejorar su bienestar físico. Había comenzado a trotar a manera de ejercicio cardiovascular, había reducido el consumo de sal y había rebajado diez libras. Su comportamiento era lo que requería atención. El diálogo interior de Roger giraba alrededor de una constante duda de sí mismo, a la cual respondía tratando de controlar cualquier circunstancia. La vida era una sola amenaza. Esta era la causa de su angustia de desempeño. Tenía fobia a hablar en público, que era una parte importante de su trabajo. Roger empezaba a preocuparse con una semana de anticipación, siempre "tremendizando" los resultados. Fantaseaba que le daría pánico y que se quedaría mudo durante el discurso o durante el período de preguntas y respuestas. Lo aterrorizaba la idea de no poder contestar una pregunta o de no ser capaz de expresar en forma clara lo que quería decir. Su temor más grande era que lo consideraran un fraude y perdiera su empleo. Roger me describió cuidadosamente su comportamiento antes de un discurso. La boca se le ponía extremadamente seca, las manos le sudaban, el corazón le latía con violencia y tenía una sensación de debilidad en el estómago. Estas señales de angustia llegaron a formar parte de un circuito de retroalimentación que lo hacía angustiarse aun más. Las manos le temblaban y la musculatura del tórax se le contraía, produciéndole incomodidad. Luego se preguntaba si no estaría a punto de sufrir un ataque cardíaco, con lo cual llevaba el ciclo de angustia al máximo.

Una vez que alguien empieza a "tremendizar" las cosas, comprometiendo la respuesta de lucha o huida, tiende a perder la perspectiva. En lugar de pensar en todas sus presentaciones exitosas, Roger sólo se recreaba con el desastre. Perdería el control. Esta vez sí sería desenmascarado. Una vez encarrilada, la mente angustiada no se aparta de su rumbo; es difícil distraerla. Encauzar los pensamientos por un solo carril es útil, en los casos en que efectivamente uno se halla en una situación de emergencia y necesita toda la atención para escabullirse de ella. Sin embargo, en situaciones que sólo son mentalmente amenazadoras, este alambrado de supervivencia se convierte en una trampa. La mente preocupada recurre a los circuitos de lucha o huida. Los músculos se contraen. El problema de Roger, y de cualquiera que se sienta atrapado por la angustia, es cómo romper el ciclo.

Cómo deshacer el ciclo de la angustia

En la figura 1 se observa cómo los pensamientos tremendistas y angustiosos llevan tanto a la *retroalimentación visceral* como a la *retroalimentación musculoesquelética*. Roger experimentó la angustia de ambas maneras. En cuanto a la visceral, estaba consciente de que tenía la boca seca, las palmas sudorosas y de que el corazón le latía violentamente, y al mismo tiempo tenía una sensación de debilidad en la boca del estómago. Todos estos síntomas eran producidos por la retroalimentación de su **sistema nervioso autónomo**. Cuando Roger percibía estos síntomas, su mente los interpretaba como amenazas que, mediante la respuesta de lucha o huida, aumentaban aun más su nivel de alertamiento. Este círculo vicioso puede terminar en una sensación de impotencia total si se convierte en pánico. El esfuerzo por mantener el control conduce, paradójicamente, a la pérdida del control.

La sensación de pérdida de control que tenía Roger fue incrementada por la respuesta de su **sistema musculoesquelético** a sus pensamientos "tremendistas". El pecho de Roger estaba tenso, y podía ver que las manos le temblaban. Estas señales también contribuían a aumentar la velocidad de sus pensamientos y a hacer que se preocupara de si sufriría un ataque cardíaco o perdería su empleo.

Deténgase un momento y cierre los ojos. Recuerde una ocasión en que haya tenido angustia e intente revivirla con todos los detalles que pueda soportar. Trate de determinar si en su reacción predomina la tensión física o el alertamiento autónomo.

Los dos rompeciclos siguientes le ayudarán a enfrentarse al ciclo de angustia.

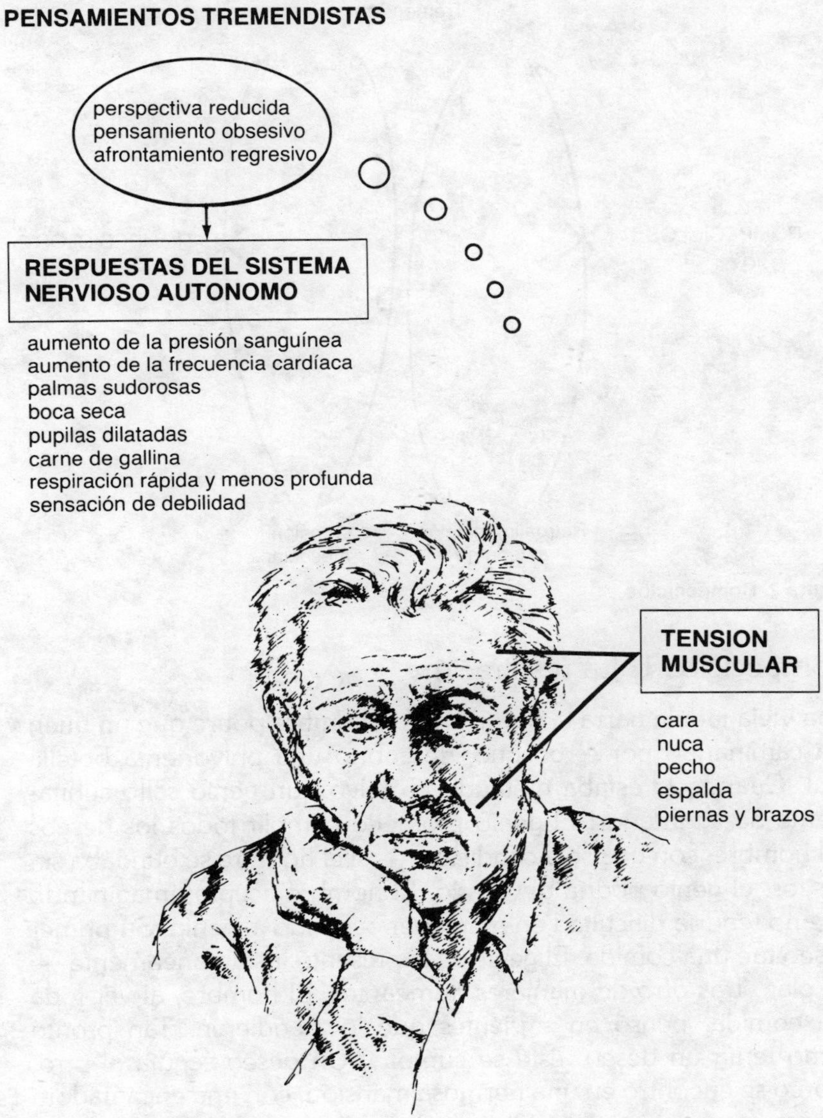

PENSAMIENTOS TREMENDISTAS

perspectiva reducida
pensamiento obsesivo
afrontamiento regresivo

**RESPUESTAS DEL SISTEMA
NERVIOSO AUTONOMO**

aumento de la presión sanguínea
aumento de la frecuencia cardíaca
palmas sudorosas
boca seca
pupilas dilatadas
carne de gallina
respiración rápida y menos profunda
sensación de debilidad

**TENSION
MUSCULAR**

cara
nuca
pecho
espalda
piernas y brazos

Figura 1. El ciclo de la angustia

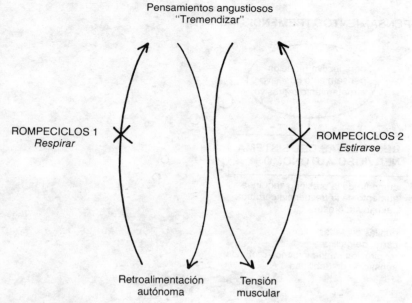

Pensamientos angustiosos
"Tremendizar"

ROMPECICLOS 1
Respirar

ROMPECICLOS 2
Estirarse

Retroalimentación
autónoma

Tensión
muscular

Figura 2. Rompeciclos

Rompeciclos 1: La respiración

Una vieja fábula narra la historia de un hombre pobre que un buen día caminando por el bosque, descubrió una polvorienta botella azul. Cuando le estaba quitando el polvo, ¡un genio saltó súbitamente de su interior! El genio prometió cumplir todos los deseos del hombre, con una sola condición — si el hombre se quedaba sin deseos, el genio podría devorarlo. El hombre aceptó, imaginando que no tendría dificultad en mantener ocupado al genio. Su primer deseo fue una comida. El genio se la presentó instantáneamente — un plato tras otro de manjares humeantes. El hombre, al ver toda esa comida, pensó en sirvientes que lo atendieran. Tan pronto como tenía un deseo, éste se cumplía. Un deseo seguía al otro. Pronto se encontró en una hermosa mansión, con una encantadora esposa y unos niños maravillosos. Con dificultad la familia mantuvo ocupado al genio, pero muy pronto el hombre y su esposa empezaron a preocuparse por la posibilidad de que se les agotaran los deseos.

El hombre recordó que un sabio vivía en una ermita a unas dos horas de donde estaba. Se encaminaron, pues, él y su esposa a la ermita con la esperanza de que el sabio tuviera la solución que los salvara del genio. Ciertamente, la tenía. Les dijo que consiguieran un poste bien alto y le ordenaran al genio mantenerse ocupado subiendo y bajando por el poste. Si necesitaban algo, simplemente debían pedirle que bajara un momento.

El genio es, desde luego, una metáfora para nuestra propia mente. Apenas la mente deje de estar activamente ocupada, amenaza devorarnos con angustias y fantasías negativas. Subir y bajar por el poste es una metáfora para el proceso de respiración. Si hacemos que la mente se ocupe en prestarle atención a la inspiración y la espiración, no tendrá oportunidad de subyugarnos. Podemos recurrir a ella en calidad de sirviente antes que permitirle que se convierta en nuestro amo. Esta es la sabiduría de todas las psicologías antiguas y modernas.

Respirar es una función corporal autónoma — o esencialmente automática — que prosigue por sí sola, pero que también podemos modificar a voluntad. Si bien es imposible decidir cuán rápido quisiéramos que latiera nuestro corazón, cualquiera puede cambiar el ritmo y la profundidad de la respiración. Cambiar la respiración puede, a su vez, reducir o aumentar la actividad del sistema nervioso simpático, dando lugar a la respuesta de lucha o huida o a la respuesta de relajación.

Aprender a percibir el patrón de respiración y ser capaz de modificarlo para que en lugar de producir tensión produzca relajación, es una de las habilidades esenciales — y más sencillas — del cuerpo y de la mente. Esta habilidad interrumpe al genio de la mente, que a veces es todo lo que se requiere para dejar de pensar en cosas angustiosas. (En otros casos es importante examinar los pensamientos mismos — de dónde provienen y cómo cambiarlos. En los capítulos 5 y 6 exploraremos esa dimensión.)

La segunda de las diez sesiones semanales del Grupo para la Mente y el Cuerpo está dedicada a la respiración. Puede que los pacientes sigan practicando o no la meditación después de terminar el grupo, pero todos continúan con los ejercicios de respiración. Recibo tarjetas y llamadas de personas que hace años concluyeron su programa, y que nos dan las gracias de nuevo por haberles proporcionado un instrumento tan sencillo como aprender a respirar en forma apropiada.

Respiración abdominal: Modalidad relajada

La forma en que respira un bebé es una excelente demostración de una técnica apropiada. Cuando un bebé inspira, el abdomen se le dilata como si fuera un globo, y cuando espira, el abdomen se le aplana. Exactamente el mismo patrón ocurre cuando dormimos. En realidad, siempre que estamos verdaderamente relajados, el cuerpo vuelve a la respiración abdominal.

El diafragma es un músculo extenso, situado directamente debajo de los pulmones, que separa la cavidad torácica de la abdominal. En la figura 3 se puede observar que tiene la forma de una vasija semiesférica invertida o de una cúpula. Se contrae y se mueve hacia abajo, aplanándose durante la inspiración. Su movimiento descendente crea una presión negativa en los pulmones, y los lóbulos inferiores se llenan de aire. Puesto que su movimiento descendente ejerce presión sobre los órganos que están dentro de la cavidad abdominal, el estómago se dilata a medida que entra el aire inspirado. La espiración no es otra cosa que relajarse. El diafragma regresa a su posición relajada, expulsando el aire de los pulmones. El estómago vuelve entonces a aplanarse. Los cinco pares de costillas inferiores se denominan costillas flotantes. Se expanden por la acción del diafragma y de los músculos intercostales, y llenan la parte media de los pulmones después de llenarse los lóbulos inferiores por la acción del diafragma. La última parte de los pulmones que se llena es la superior, la cual termina justamente debajo del esternón. Cuando se respira correctamente, hay una renovación total de aire en las partes inferior, media y superior de los pulmones.

Infortunadamente, una vez que dejamos atrás nuestra infancia y empezamos a vivir en las fantasías de la mente más que en la realidad del momento, el patrón de respiración también comienza a cambiar, reflejando nuestros diversos estados emocionales. La respiración es en verdad el espejo de la psique. Recuerde por un momento la última vez que sintió verdadero miedo. ¿Qué pasó con su respiración? Lo más probable es que usted la haya contenido —

que se le haya paralizado por completo — o se le haya vuelto más rápida y menos profunda.

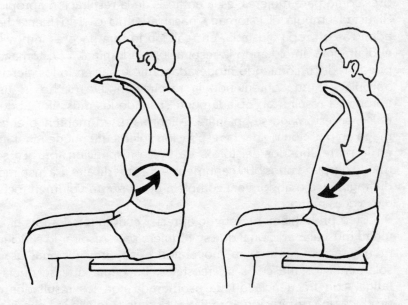

A. ESPIRAR
El diafragma se relaja, expulsando el aire.
(Estómago adentro)

B. INSPIRAR
El diafragma se contrae, aspirando aire
(Estómago afuera)

Figura 3. Respiración abdominal

En la figura 1 se pueden observar los cambios autónomos que ocurren en un estado de angustia. La respiración es uno de esos cambios, y fija el tono del resto del sistema nervioso autónomo. La respiración apropiada es en realidad una respuesta de minirrelajación que genera una fisiología casi idéntica. Esto tiene sentido: Cuando la mente está en reposo y tenemos una sensación de paz, la respiración está relajada. Cuando la mente está atormentada y crea olas que alteran la calma, el restablecimiento de la respiración automáticamente restablece la paz interior. ¡Este es un ciclo de retroalimentación que obra en nuestro favor!

Respiración torácica: Modalidad tensa

El ideal de "pecho afuera y estómago adentro", tanto para hombres como para mujeres, es la antítesis de la respiración apropiada. Si usted empuja el estómago hacia adentro o si lo fuerza hacia adentro con ropa ajustada, en realidad lo que hace es inmovilizar el diafragma, impidiendo la respiración abdominal. El estómago se puede reducir comiendo moderadamente y haciendo los ejercicios apropiados, no conteniendo la respiración. De hecho, si usted aprende a respirar apropiadamente, usando los músculos abdominales, su estómago se aplanará. Mientras usted mantenga el estómago en posición rígida, la respiración solamente puede tener lugar en la parte superior del tórax. La típica inspiración torácica solamente desplaza unos 500 centímetros cúbicos de aire. La inspiración diafragmática o abdominal completa desplaza un volumen ¡ocho o diez veces mayor!

Usted probablemente puede apreciar cuán agotadora es la actividad muscular adicional que se requiere para respirar lo suficientemente rápido como para mover todo ese aire adicional usando solamente los músculos intercostales. La gente que se queja de fatiga, con frecuencia queda asombrada con los resultados que produce una respiración apropiada. Esta no sólo elimina el esfuerzo innecesario que demanda la respiración torácica, sino que también suministra más oxígeno para generar energía. El cerebro es el órgano que más oxígeno requiere, y usted notará una diferencia en su nivel de alertamiento inmediatamente después de sólo diez respiraciones apropiadas. Cuando usted piensa en "alimento para el cerebro", el mejor alimento de todos es el oxígeno, y la mejor forma de suministrarlo en la cantidad exactamente requerida es respirando por medio del abdomen.

Cómo aprender a respirar

PASO 1: ¿Cómo estoy respirando?

Puesto que la mayoría de nosotros respira inconscientemente, no tenemos ninguna oportunidad de usar la respiración en provecho nuestro. Con este ejercicio usted aprenderá a identificar la respiración abdominal y la torácica, lo cual le permitirá aprender a respirar en forma apropiada.

Siéntese en una silla de espaldar recto y deslícese unos pocos centímetros hacia adelante, de modo que quede ligeramente reclinado. Coloque un cojín en la parte inferior de la espalda, si lo desea.

Coloque una mano con la palma hacia el ombligo y la otra encima. Sin tratar de modificar la respiración, simplemente observe si su estómago se dilata o se aplana cuando usted inspira. La mejor forma de hacerlo es cerrando los ojos para que realmente pueda concentrarse.

Deténgase un momento y ensáyelo ahora mismo, observando las siguientes cinco respiraciones. Si su estómago se dilata cuando usted inspira, está respirando al menos en parte mediante el diafragma. Si su estómago no se mueve o se aplana cuando usted inspira, está respirando mediante el tórax.

PASO 2: *Cómo cambiar de respiración torácica a respiración abdominal*

Inspire profundamente y luego expulse totalmente el aire por la boca, como un suspiro de alivio audible. Cuando lo esté haciendo, observe cómo se aplana su estómago, y aplánelo todavía más, haciendo salir hasta el último residuo de aire. Ahora simplemente deje que la siguiente inspiración fluya por sí sola por la nariz. ¿Siente cómo se le dilata el estómago? De no ser así, ensáyelo de nuevo.

El truco de cambiar de respiración torácica a diafragmática consiste en exhalar completamente durante una sola respiración. Esta es la razón por la cual exhalamos por la boca ese primer aire que inspiramos — para desocupar totalmente los pulmones. Esa exhalación completa expulsa todo el aire viciado del fondo de los pulmones, y el consiguiente vacío produce automáticamente una profunda inspiración diafragmática. *Usted necesita espirar profundamente una o dos veces nada más. Considérelo como un suspiro de alivio.* Suspirar y bostezar producen un cambio profundo de aire y es la forma en que el cuerpo se deshace de la tensión y del estrés.

Continúe respirando por la nariz, imaginándose que el aire que aspira está llenando un globo en su estómago. Cuando su estómago se llene, deje salir el aire y sienta cómo el globo se desinfla cuando usted espira. Dos o tres minutos de respiración abdominal permiten descansar realmente de la tensión. La diferencia es notoria aun después de dos o tres respiraciones.

Cómo practicar la respiración abdominal

Siempre que se sienta atrapado por la angustia — preocupaciones y tensión — puede romper el ciclo cambiando a respiración abdominal. Tan pronto como la haya dominado, puede mantener los ojos abiertos. Funciona en todas partes y a cualquier hora. De pie en la cocina, haciendo cola, en un ascensor, conduciendo por la autopista, usted puede respirar a todas horas.

Varios años atrás, Myrin y yo asistimos a una reunión científica en la cual vendían equipo de biorretroalimentación. (Yo, por mi parte, sostengo que la mayoría de la gente no necesita la retroalimentación de una máquina para saber que está relajándose; es algo que uno puede llegar fácilmente a saber sin ayuda ajena.) Para impulsar las ventas, un fabricante utilizaba una máquina de biorretroalimentación que registraba la temperatura de los dedos para crear un juego diabólico — quién se relajaba más rápido. ¿Qué sucede cuando alguien practica un juego y gana un punto? La persona se emociona, ¿no es cierto? Eso hace que entre en funcionamiento el sistema nervioso autónomo, la persona se pone tensa, y las manos se le enfrían. Cuanto más relajada esté, tanto más calientes se le pondrán las manos y los pies. Mi esposo y yo decidimos hacer el ensayo. Al principio estábamos empatados. Ganábamos un punto cada uno, nos emocionábamos, nos tranquilizábamos y perdíamos el siguiente. Luego me acordé de respirar. Me olvidé del juego, lancé un suspiro de alivio, cambié a respiración abdominal y durante el siguiente minuto sólo me concentré en el movimiento ascendente y descendente de mi estómago. Al final yo había ganado el juego.

Recuerde: Inspire profundamente y espire con un suspiro de alivio. Luego sienta cómo las siguientes inspiraciones entran en el abdomen, dejando que se infle como un globo al inspirar y relajándolo al espirar.

Cuenta regresiva de diez a uno

Una excelente técnica de respiración combina la respiración abdominal con la meditación para producir un cambio rápido y profundo en la fisiología y en la actitud. Inspire y espire con un suspiro de alivio para hacer el cambio a la respiración abdominal. Inspire de nuevo, y observe con la mente cómo el estómago se le llena de aire. Cuando espire, diga mentalmente *diez*, deshaciéndose de la tensión como si fuera una ola que se mueve desde la cabeza hasta las plantas de los pies. Imagínese la sensación de relajación. En la siguiente respiración repita la técnica, y diga *nueve* al espirar. En las ocho siguientes respiraciones haga el conteo regresivo hasta *uno*. A diferencia del experimento del doctor Benson, en el que los estudiantes perdieron la cuenta, aquí usted cuenta hacia atrás una vez solamente y en una sola dirección. Si pierde la cuenta, no se preocupe. Siga con el número que crea es el indicado. *Deténgase un momento y ensáyelo ahora mismo antes de seguir leyendo.*

¿Se da cuenta de cómo se siente? Más relajado, ¿verdad? También puede observar que su respiración es mucho más lenta — una señal de la respuesta de relajación. A medida que vaya perfeccionando esta técnica con la práctica, usted requerirá sesiones cada vez más cortas, porque el sistema nervioso ha aprendido otra respuesta condicionada provechosa. Tan sólo dos o tres respiraciones le proporcionarán el beneficio de un período de meditación más largo.

Nota dirigida a los hiperrespiradores

Algunas personas se angustian hasta tal punto que literalmente sienten que no pueden respirar y que están a punto de desmayarse. Uno de los factores que contribuyen a este estado de hiperalertamiento es una frecuencia cardíaca acelerada. Estas sensaciones corporales se retroalimentan con el proceso del pensamiento e intensifican el ciclo de angustia en proporciones sorprendentes. Una vez que llega a este estado, la persona puede empezar a hiperrespirar, es decir, a respirar muy rápido, lo cual complica las cosas más, pues se produce una sensación de aturdimiento que aumenta el temor a perder el control o a desmayarse.

Para romper el ciclo de hiperrespiración, usted tiene que proceder casi que en contra de lo que tiende a hacer por intuición. Cuando siente que está a punto de sofocarse, trata de obtener más y más aire, pero no puede hacerlo porque los pulmones ya están llenos. Para romper el ciclo, concéntrese en espirar. Es la misma técnica de que hemos estado hablando. Espire con un gran suspiro por la boca, expulse todo el aire, y mentalmente vea cómo la inspiración le llena el estómago. Luego ensaye el conteo regresivo de diez a uno.

Rompeciclos 2: Estiramiento

Después de unas semanas de práctica, Roger pudo usar la respiración para relajarse en la casa y en el trabajo. Diez minutos antes de iniciar un discurso, cerraba la puerta de su oficina y hacía cinco minutos de respiración abdominal. Respiraba al dirigirse a la sala de conferencias. Respiraba al colocar en orden sus diapositivas. Al cabo de un mes, Roger me informó que la meditación y la respiración habían reducido su angustia de desempeño a un nivel manejable. Aunque su presión sanguínea también había bajado, seguía sintiéndose intranquilo y le costaba trabajo sentarse tranquilo. En situaciones que le producían angustia, la respiración calmaba sus síntomas autónomos, pero su tórax seguía tenso. Para relajar los músculos, Roger tuvo que aprender a reducir la intensidad del circuito de retroalimentación de la angustia.

En la siguiente sesión le enseñaré dos ejercicios breves de relajación corporal. El primero es la Serie a Cualquier Hora. Requiere sólo dos o tres minutos y puede hacerse en una silla en la casa, en la oficina, en el bus o en cualquier otro lugar. El segundo es la Serie de Relajación Corporal Total, que requiere de quince a veinte minutos y un lugar lo suficientemente espacioso como para estirarse en el piso, ya sea en una alfombra o en una estera.

Serie para Hacer a Cualquier Hora

Esta serie se compone de cuatro ejercicios seguidos del conteo regresivo de diez a uno. Está diseñada para relajar la tensión en la forma más rápida y eficaz posible, en las principales regiones en que las personas acumulan tensión: la espalda, el pecho, los hombros, el cuello y la cara.

Todos los ejercicios se basan en el mismo principio. Varias partes del cuerpo *se contraen al inspirar* y *se aflojan al espirar*. Cada espiración es una oportunidad de aflojarse. Antes de empezar, deténgase un momento para observar su respiración. Si está en el tórax, lance un suspiro de alivio y observe cómo el estómago se le dilata como un globo con la siguiente inspiración. Ahora fíjese en su torso. Todo su cuerpo superior se levanta al inspirar y regresa a la posición original al espirar, cediendo a la fuerza de atracción que ejerce la gravedad.

La fuerza de atracción de la gravedad es un aliado natural. Cada espiración representa una oportunidad de deshacerse de cualquier tensión que usted pueda estar reteniendo. La misma gravedad hará que los músculos regresen a su posición de reposo. Generamos una enorme cantidad de tensión inútil al oponer resistencia a la fuerza de atracción que ejerce la gravedad y al retener la tensión en aquellas partes del cuerpo que no se están utilizando.

Busque una silla en la que pueda sentarse cómodamente. Es mejor que la silla sea dura, porque parte de los ejercicios requieren que usted se siente cómodamente en el borde. La mejor forma de aprender estos ejercicios es leerlos con cuidado. Mire los dibujos e imagínese el efecto que producirá cada ejercicio. Luego registre las instrucciones en una grabadora, leyéndolas con voz suave y muy lentamente, haciendo las pausas indicadas durante el tiempo que crea que va a necesitar. Si desea que la cinta sea más personal, grabe música de fondo sencilla y tranquilizante. Si decide hacerlo, mantenga muy bajo el volumen de la música.

Siéntese cómodamente en la silla con ambos pies en el suelo y los brazos apoyados en las rodillas. Cierre los ojos y lance el suspiro de alivio (pausa); luego respire abdominalmente contando hacia atrás de tres a uno (pausa). Use cada inspiración como un momento de toma de consciencia para fijarse en cuánta tensión hay en cada parte del cuerpo. Use cada espiración como una oportunidad de deshacerse de la tensión. Fije la atención en los ojos. Deje que se calmen. Luego en la mandíbula. Relaje la mandíbula lo más que pueda. Fije la atención en el cuello, y relájelo con cada espiración. Luego fije la atención en los hombros. ¿Hay forma de que caigan aun más? Deje que los brazos y las manos se apoyen pesadamente en las rodillas. Inspire profundamente y relaje el tórax. Relaje la espalda. Sienta cómo el estómago va relajándose, cómo se dilata y contrae con cada respiración.

Los cuatro Ejercicios para Hacer a Cualquier Hora que presentamos a continuación le permitirán deshacerse todavía más de la tensión. Tome nota ahora mismo de las partes del cuerpo donde todavía queda algún residuo de tensión para que pueda verificar su nivel de relajación al concluir los ejercicios.

EJERCICIO 1: RELAJACION DE LA ESPALDA

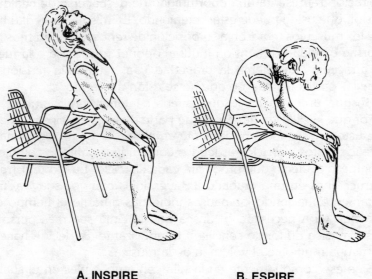

A. INSPIRE   B. ESPIRE

Córrase hasta el borde de la silla. Con los ojos cerrados, para que pueda prestarles mayor atención a las sensaciones interiores, observe cómo siente la espalda. En la siguiente inspiración, arquéese hacia atrás (A), estirando la columna vertebral sólo hasta donde sea posible hacerlo sin esfuerzo. Espire y encorve la espalda (B), girando los hombros hacia adelante y aflojándose. Repita tres veces, prestándoles plena atención a la respiración, al estiramiento y al aflojamiento (pausa larga).

EJERCICIO 2: ENCOGIMIENTO DE HOMBROS

A. INSPIRE

Hombros arriba

B. CONTINUE INSPIRANDO

Trate de juntar los omoplatos con
un movimiento giratorio

C. ESPIRE

Hombros abajo

Inspire y levante los hombros hasta las orejas (A). Luego gire los hombros hacia atrás, juntando los omoplatos (B). Espire con un suspiro de alivio y afloje (C). Repita tres veces (pausa larga). Observe que cuando usted junta los omoplatos, les está dando a los músculos torácicos un buen estiramiento.

EJERCICIO 3: GIROS DE CABEZA

INSPIRE   **ESPIRE**

Espire al dejar caer el mentón hacia el pecho. Ahora inspire y gire la cabeza hacia la derecha, simplemente dejándola caer, dejando que la gravedad se encargue del trabajo en lugar de empujarla de un lado para otro. Cuando haya girado la cabeza hacia la espalda, empiece a espirar. Continúe espirando mientras gira la cabeza hacia la izquierda y de vuelta hacia el pecho. Ahora está listo para inspirar y comenzar de nuevo. Complete tres giros hacia la derecha y luego a la inversa, tres hacia la izquierda. ¿Nota cómo el estiramiento se siente por todo el cuello al hacer este ejercicio? Por ejemplo, cuando deja caer la cabeza hacia la derecha, puede sentir el estiramiento en la parte izquierda del cuello; cuando la cabeza cae hacia atrás, el estiramiento se siente en la garganta, y así sucesivamente alrededor del cuello. Trate de fijarse en el lugar donde siente el estiramiento en lugar de fijarse hacia dónde gira la cabeza (pausa larga).

EJERCICIO 4: EJERCICIOS FACIALES

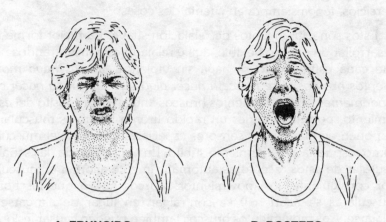

A. FRUNCIDO
Inspire. Retenga. Luego espire
y afloje.

B. BOSTEZO
Inspire. Retenga. Luego espire
y afloje.

Los ejercicios faciales se hacen en dos etapas. Primero, inspire y frunza todos los músculos faciales hacia el centro (A). Es como si tratara de expulsar toda la tensión, haciéndola salir directamente de la punta de su nariz. Inspire y afloje. Ahora inspire y abra bien la boca, levantando las cejas para alargar la cara (B). Es como un bostezo. Cuando espira y afloja, inclusive podría encontrarse bostezando.

Serie de Relajación Corporal Total

Los siguientes siete ejercicios de estiramiento se escogieron para relajar los grupos de músculos más importantes. Al hacer estos ejercicios, tenga siempre en cuenta dos cosas:

1. Estos son estiramientos de relajación suave. La mejor forma de desarrollar un cuerpo flexible, ágil y relajado es concentrándose en que cada estiramiento se haga sin violencia. *Jamás haga movimientos bruscos ni se fuerce a hacer algo que no pueda hacer cómodamente.* Los movimientos bruscos anulan el propósito del estiramiento, porque al darles un rápido tirón a las fibras musculares se ponen en guardia los sensores especiales que tiene el músculo, como respuesta al estiramiento súbito. En consecuencia, las señales neurales de estos receptores automáticamente acortan el músculo. Por consiguiente, los movimientos bruscos hacen que las fibras musculares se acorten y se contraigan en lugar de alargarse y relajarse. Los movimientos bruscos también pueden causar lesiones o desgarros musculares si se les da un tirón a un grupo de fibras musculares contraídas.

2. Si usted padece algún problema físico que limite su capacidad de hacer ejercicios, consulte con su médico antes de hacer éstos u otros ejercicios. Debe asumir la responsabilidad de conocer sus propios límites. Lea cuidadosamente las instrucciones de cada ejercicio y estudie la figura antes de ensayarlo. Lo mismo que en el caso de la Serie para Hacer a Cualquier Hora, lo mejor es que grabe las instrucciones. Léalas muy lentamente al grabarlas, tratando de calcular el tiempo que necesitará para realizar cada movimiento.

RELAJANTE 1: EJERCICIO DE APOYO EN LA PARED

Párese con la espalda contra la pared, las piernas separadas más o menos la distancia que hay entre los hombros, y a unos 23 o 25 centímetros de la pared. Presione el coxis contra la pared, de modo que todas las vértebras queden en contacto con ella. Cierre los ojos, exhale con un suspiro de alivio y cambie a respiración abdominal. Respire lenta y naturalmente durante este ejercicio. Empiece dejando caer el mentón hacia el pecho. Deje caer los hombros y luego retire la columna vertebral lentamente de la pared, una sola vértebra a la vez si puede, mientras continúa dejándose caer hacia adelante. Las caderas se deslizarán por la pared hacia arriba a medida que vaya dejándose caer. Cuando haya caído tanto como pueda, manténgase así. Relaje la cabeza y los hombros. Respire tres o cuatro veces mientras se halla relajadamente en esa posición (pausa larga). Ahora vuelva a subir gradualmente, tratando de pegar las vértebras contra la pared, una a la vez (pausa larga). Cuando se levante, recuéstese contra la pared, respirando abdominalmente, para descansar. Si está respirando agitadamente, respire por la boca hasta que se haya recuperado.

Nota: Si usted es propenso a sufrir dolores de espalda, doble ligeramente las rodillas con el fin de evitarle cualquier esfuerzo a la parte inferior de la espalda. Cuando grabe las instrucciones, mencione esta advertencia inmediatamente después de la primera frase.

RELAJANTE 2: LA FUENTE

Párese con las piernas separadas más o menos la distancia que hay entre los hombros. Inspire y estire bien los brazos arriba de la cabeza, entrelazando los pulgares, esforzándose por sentir el estiramiento a lo largo de los costados. Espire, girando hacia la derecha. Inspire y nuevamente estírese bien hacia arriba, espire y gire a la derecha. Gire una vez más a la derecha y luego a la inversa, tres veces a la izquierda. No olvide aflojarse — no es necesario que se fuerce o se tensione (pausa larga). Repito: Si usted es propenso a sufrir dolores de espalda, doble ligeramente las rodillas; grabe estas advertencias después de la primera frase.

RELAJANTE 3: EL GATO

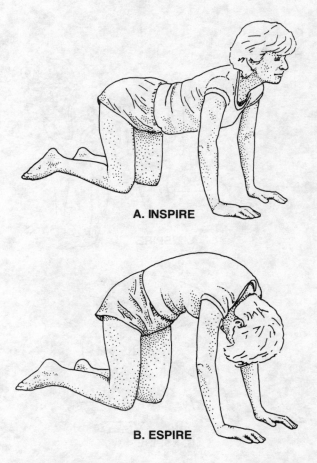

A. INSPIRE

B. ESPIRE

Póngase en cuatro patas. Inspire, levantando la cabeza y empujando la columna vertebral hacia abajo (A). Deje que el estómago se expanda hacia afuera. Espire, dejando caer la cabeza y arqueando la espalda hacia arriba como un gato rabioso, empujando los músculos abdominales hacia adentro (B). Repita de tres a cinco veces (pausa larga).

RELAJANTE 4: ESTIRAMIENTO DE PIERNA

A. INSPIRE

B. ESPIRE

Siguiendo en cuatro patas, inspire mientras levanta la cabeza y extienda la pierna derecha hacia atrás (A), con los dedos estirados. Espire, dejando caer la cabeza y doblando la pierna mientras lleva la rodilla hacia la frente (B). Repita tres veces con la pierna derecha y tres veces con la izquierda.

RELAJANTE 5: DOBLAR HACIA ADELANTE

INSPIRE

ESPIRE

En este ejercicio, que consta de tres partes, usted se dobla primero sobre la pierna derecha, luego sobre la izquierda, y finalmente sobre ambas. Empiece sentándose derecho con ambas piernas estiradas hacia adelante. Doble la pierna izquierda, colocando el talón junto a la ingle, como si fuera a sentarse con las piernas cruzadas. Inspire, estirando bien los brazos arriba de la cabeza. Espire y estírese desde la cadera hacia adelante, sobre la pierna estirada. Agárrese de la parte de la pierna que le sea más cómodo — la rodilla, la pantorrilla, el tobillo o el pie, si es usted muy flexible. En cada una de las siguientes cinco espiraciones, trate de estirarse un poco más, pero en forma relajada. Recuerde que la espiración es el momento de relajarse. No se fuerce. Estírese sólo hasta donde pueda llegar con la espalda razonablemente recta. La mayor parte de la fuerza que le ayuda a realizar este ejercicio de estiramiento proviene de los músculos abdominales. Trate de utilizarlos para estirarse hacia adelante (pausa larga). Este estiramiento relaja los tendones de la parte posterior de las piernas y los músculos de la parte inferior de la espalda. Repita el ejercicio estirándose sobre la pierna izquierda (pausa larga). Ahora estire ambas piernas y repita el estiramiento una última vez (pausa larga).

RELAJANTE 6: INCLINACION DE LA PELVIS

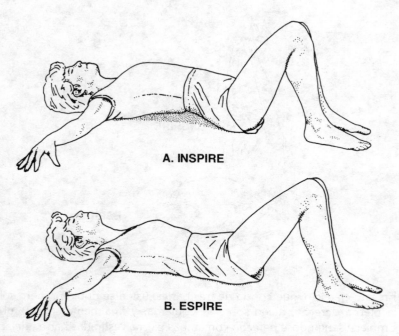

A. INSPIRE

B. ESPIRE

Acuéstese de espaldas y levante las rodillas de modo que los pies queden cerca de las nalgas. Aplane la espalda contra el piso inclinando la pelvis hacia atrás. Mueva la pelvis hacia adelante y deje que reaparezca el espacio entre el coxis y el piso. Ahora coordine los movimientos con la respiración. Inspire al lanzar la pelvis hacia adelante, haciendo aparecer el espacio (A). Deje que el estómago se le llene de aire cuando lo haga. Espire al lanzar la pelvis hacia atrás, aplanando la espalda contra el piso (B). Con un poco de práctica usted se hará a la idea de presionar las vértebras contra el piso una por una, y de levantarlas de la misma manera. Este es un excelente ejercicio para la tensión de espalda. Repita diez o doce veces (pausa larga).

RELAJANTE 7: RELAJACION FINAL

Acuéstese de espaldas con las piernas ligeramente separadas, de modo que los dedos de los pies señalen hacia los lados. Apoye los brazos en el piso, a una distancia de aproximadamente 30 centímetros del cuerpo, y gire los omoplatos de modo que las palmas de las manos giren suavemente hacia arriba. Haga cinco respiraciones abdominales, relajándose un poco más con cada respiración y dejándose caer lentamente sobre la alfombra (pausa larga).

Relajación progresiva de músculos

1. Inspire y levante la pierna derecha unos 30 centímetros del piso, haciendo un puño con los dedos del pie y apretándolos hasta donde pueda sin sentirse incómodo. Contenga la respiración unos segundos, y luego espire y afloje. Gire el pie de un lado para otro para aflojarlo un poco más.

2. Inspire y levante y estire la pierna y el pie izquierdos. Contenga la respiración. Espire y afloje. Ahora mueva la pierna de un lado para otro unas cuantas veces.

3. Inspire y apriete las nalgas, endureciéndolas como rocas. Mantenga esa posición durante unos segundos, luego espire y afloje.

4. Inspire e infle el estómago hasta donde pueda. Mantenga esa posición durante unos segundos; luego espire y afloje.

5. Inspire e infle el tórax hasta donde pueda. Mantenga esa posición durante unos segundos; luego espire y afloje.

6. Inspire y levante el brazo derecho de la alfombra, cierre la mano en forma de puño y tense el brazo. Contenga la respiración durante unos segundos; luego espire y afloje.

7. Inspire y levante el brazo izquierdo de la alfombra; cierre la mano en forma de puño y tense el brazo. Contenga la respiración durante unos segundos; luego espire y afloje.

8. Mueva la cabeza de un lado para otro varias veces, respirando abdominalmente.

9. Inspire, frunciendo la cara hacia el centro; luego espire y afloje.

10. Inspire, haciendo cara de bostezo con la boca abierta y las cejas levantadas; luego espire y afloje.

La respiración completa

El final perfecto para un período de relajación es la respiración completa. Esta es una variante de la respiración abdominal con la que usted ya está familiarizado. Imagine que en lugar de pulmones tiene un globo en forma de pera con cuello largo. La parte redonda del globo está ubicada en el estómago, y el cuello largo asciende por las partes media y superior del tórax. Cuando inspire, imagine que el estómago se le dilata a medida que la parte redonda del globo se llena. Luego sienta que el cuello del globo está empezando a llenarse a medida que la parte media del tórax se expande. Finalmente, perciba cómo la parte superior del globo lo llena a usted completamente hasta la clavícula. Cuando espire, sienta que la parte superior del globo debajo de la clavícula se desocupa primero, sienta luego cómo la parte media del globo se desocupa cuando el tórax empieza a aplanarse, y finalmente perciba cómo la parte redonda del globo se aplana a medida que el estómago se encoge y baja hacia el piso.

Haga diez respiraciones completas y concéntrese en cómo el aire le llena el abdomen, la parte media del tórax y por último la parte superior de éste; luego observe cómo se van desocupando la parte superior del tórax, la parte media de éste y, finalmente, el abdomen. Esta respiración es especialmente relajante (pausa larga). Puede usarse no sólo al final de un período de relajación sino, lo mismo que la respiración abdominal, en cualquier momento en que uno necesite romper el ciclo de la angustia.

La respiración y el dolor

El dolor puede descomponerse en dos partes. La primera capa es la realidad física del dolor mismo. La segunda capa superpuesta es la actitud que tenemos ante el dolor. Mis jaquecas son un ejemplo. El dolor era intenso — un dolor palpitante que me producía náuseas a medida que se iba intensificando — un dolor punzante que me hacía intolerable la luz. La segunda capa de dolor era la actitud que yo asumía — la incertidumbre con respecto a cuándo desaparecería el dolor, el disgusto porque mi rutina diaria había sido alterada, haciéndome permanecer en cama, la rabia por la traición de mi cuerpo, los reproches que me hacía a mí misma por ser enfermiza, la sensación de impotencia y el pánico por haber perdido el control, y la capa final de reproches por haber permitido que las cosas llegaran a tal extremo. La respuesta de mi cuerpo a esa segunda capa era ponerse tenso. Muy tenso. Todos mis músculos faciales se contraían alrededor del dolor de cabeza, lo cual empeoraba aun más el dolor físico. Además del dolor de cabeza, la angustia empeoraba las náuseas y el vómito. Este ciclo de dolor, angustia-dolor, se intensifica cada vez más, haciendo que el dolor vaya de mal en peor.

La verdadera experiencia sensorial de dolor tiene mucha relación con la actitud. Si un niño se corta una pierna mientras escoge su regalo de cumpleaños en un almacén de juguetes, el dolor que experimenta será mucho menos intenso que el que experimentaría si se cortara en la clase de matemática. Si el dolor del parto se experimentara después de un accidente de automóvil, el miedo adicional de las circunstancias lo haría completamente intolerable. Una ginecóloga amiga mía se lo explica a menudo de esta manera a las pacientes que sufren de síndrome premenstrual: "Si a usted se le fractura un brazo y la vida sigue su curso sin dificultades, usted apenas lo nota. Pero si su jefe la grita y usted ha reñido con su marido, el dolor constituye un impedimento mucho mayor". Con frecuencia envía a las pacientes que sufren de síndrome premenstrual a la Clínica para la Mente y el Cuerpo a fin de que aprendan a cambiar su actitud y puedan reducir a un mínimo el dolor que el síndrome les produce.

La actitud más perjudicial frente al dolor es concentrarse física o mentalmente en él, tratando de alejarlo a la fuerza. Todo lo que se logra con esa resistencia es incrementar tanto el dolor físico como la segunda capa, o capa superpuesta, de malestar producido por la actitud. La premisa de que hablamos una y otra vez es *Todo aquello a lo que usted se resiste, persiste.* Cuanto más se esfuerce por escapar, tanto más atascado quedará. La única forma de reformular el dolor es aceptarlo y relajarse en torno a él, tanto física como mentalmente. Esto significa que usted cambia de posición y se convierte en un observador que acepta el dolor en lugar de ser una víctima renuente. No es necesario reflexionar mucho para darse cuenta de que el observador tiene más control que la víctima. *Si usted quiere controlar el dolor, no debe empeñarse en alejarlo a la fuerza.*

La siguiente pregunta es: ¿Qué lo obliga a uno a aferrarse a algo? A veces es la falta de consciencia. Si uno no sabe a qué ha estado aferrándose, no puede desprenderse de ello. Es exactamente igual a la capacidad que uno tiene de relajar la tensión de los hombros apenas se detiene a observar que están tensos. Tener consciencia de uno mismo, tanto física como mentalmente, es el primer paso.

Una razón muy común para no querer deshacerse del dolor es que hay algo que uno necesita de él, pero cree que no puede obtenerlo de otra manera. Considere mis jaquecas. Mi conducta Tipo A siempre me atrapaba en la misma situación caótica. Yo acostumbraba comprometerme aun a sabiendas de que me sería imposible cumplir todo, y en consecuencia me ponía cada vez más tensa y angustiada. Me quejaba y les echaba la culpa a los demás de una situación que obviamente yo misma había creado. Luego me sentía extremadamente fatigada, y, tarde o temprano, aparecía el dolor de cabeza. El dolor de cabeza tenía varios propósitos útiles: Primero, les demostraba a esas personas "insensibles", a quienes yo culpaba por haberme excedido en mis compromisos, cuán mezquinas eran y cuánto daño me hacían. Segundo, era la única forma legítima de poder descansar y no tener que producir durante un tiempo. Una jaqueca tiene prelación sobre cualquier otra cosa que tenga que hacerse. Tercero, era la única forma que mi cuerpo conocía de deshacerse de toda la tensión acumulada. Una jaqueca siempre me parecía como una tormenta. Cuando pasaba, yo quedaba tendida en la cama, completamente exhausta, pero al mismo tiempo renovada y relajada. Lástima que mi cuerpo tuviera que matarse luchando y luego quedara exhausto para poder relajarse.

Muchos hacemos lo mismo con el dolor y con otras enfermedades y angustias. Los psicólogos llaman a estos beneficios de una enfermedad beneficio secundario. ¿Por qué habría de desprenderme de mis jaquecas? Las necesitaba. Por muy alto que fuera el precio, era evidente que en la economía de mi mente/cuerpo, las jaquecas valían la pena. La mente/cuerpo es infinitamente sabia. Buscará por todos los medios y al menor costo posible llevarnos a un estado de regulación.

Tenemos el inmenso poder de cambiar este equilibrio mediante la consciencia y la respiración, eligiendo medios mucho menos costosos y más productivos de satisfacer nuestras necesidades. Es preciso identificar primero cuáles son los beneficios secundarios que uno podría estar obteniendo antes de poder distensionarse. Luego tendrá que buscar cómo satisfacer sus necesidades de una manera más saludable.

Cómo usar la respiración para deshacerse del dolor

Cierre los ojos, concéntrese con un suspiro de alivio, e inicie la respiración abdominal. Cuando respire, trate de estar completamente consciente del dolor. Esto puede ser dolor físico o dolor emocional, como por ejemplo la angustia, los sentimientos de culpa, el temor, la tristeza o la depresión, que le invade el corazón, el estómago, la garganta o los músculos. No rechace el dolor; acéptelo. El dolor siempre está en movimiento y cambiando constantemente. Al comienzo, cuando usted se atreve a tomar plena consciencia del dolor, éste puede parecer más intenso. Luego puede agudizarse y desvanecerse o cambiar de posición. El dolor puede transformarse en calor o en una sensación de electricidad, o puede transformarse en placer, pues desde el punto de vista neuroanatómico, las dos sensaciones son parecidas. Continúe respirando abdominalmente y "vigilando" el dolor, observándolo con todos sus sentidos internos.

Ahora piense que puede inhalar y exhalar el dolor, lo mismo que puede inspirar y espirar abdominalmente. Imagine que la inspiración es una atención amorosa — lo contrario de tratar de alejarlo a la fuerza. Para estimular la imaginación es útil recordar una época en la que usted fue realmente amado o se mostró verdaderamente tierno. Yo siempre uso el recuerdo de estar dándole el pecho a uno de mis hijos, mientras me mecía en una silla y abrazaba tiernamente al relajado y satisfecho bebé. Usted sentirá cómo el cuerpo responde al amor con un recuerdo así; es un sentimiento expansivo, abierto, de entrega total. A medida que inspire, deje que ese sentimiento de amor penetre en el dolor. Acúnelo tal como acunaría a un niño. Espire y use su imaginación para ayudarle al dolor a atenuarse y a desaparecer. *Respire e imagine sin fijarse en los resultados.* Si usted respira una o dos veces e inmediatamente empieza a juzgar los resultados, pronto sentirá angustia de nuevo. Respire y trate de seguir con la actitud de observador y no con la de juez.

Esta actitud de convertirse en testigo amoroso del dolor o de cualquier otro evento que está sucediendo en el momento se llama estar consciente — aquella cualidad de existir en el momento que no admite juicio y que exploraremos más detalladamente en el siguiente capítulo. Le garantizo que cambiará su experiencia del dolor. Para algunos, esto puede hacer disminuir notablemente el dolor e incluso hacerlo desaparecer. Para otros, hace reducir la intensidad del ciclo de angustia — el dolor causado por la segunda capa de sufrimiento generada por la actitud. No omita el paso que consiste en reflexionar en el beneficio secundario. Si el dolor ha logrado que usted le preste atención, y en alguna parte de la mente usted abriga la idea de que éste es su único recurso para que le presten atención, su mente no accederá a que haya distensión. Socavará todos sus esfuerzos por inspirarle amor y consciencia a su dolor. Dedique algún tiempo a reflexionar acerca del beneficio secundario, y ponga por escrito lo que descubra.

🌐 *Sugerencias para el lector*

1. En el curso de la semana observe cómo reacciona usted en situaciones que generan angustia. ¿Reacciona básicamente en forma automática o reacciona con tensión muscular? Tome nota de esto. Tal vez usted responda de diferentes maneras a diferentes situaciones enojosas.

2. Practique la respiración abdominal varias veces al día. Coloque pequeños avisos donde pueda verlos.

3. Practique la Serie para Hacer a Cualquier Hora cuando quiera y dondequiera que sienta tensión. No necesita hacer primero el ejercicio de toma de consciencia del cuerpo, a menos que así lo desee. El momento más oportuno para hacerlo es cuando usted considere que no dispone de tiempo, quizás cuando esté tenso y apurado y la cabeza esté a punto de dolerle. Sólo necesitará unos pocos minutos, pero le ahorrará muchísimos más permitiéndole continuar con sus actividades en forma más relajada. Esta serie

constituye una magnífica medicina preventiva. Deshacerse de la tensión antes de que los músculos se le pongan a uno como concreto es mucho mejor que terminar con dolor de cabeza, espasmos musculares o una tensión tan grande que tenga uno que tomar aspirina o relajantes musculares para aliviarse.

4. Practique la Serie de Relajación Corporal Total una vez al día hasta que la domine. Después de eso puede usar toda la serie o cualquier parte de ella cuando lo necesite, aunque un régimen diario es preferible. La relajación progresiva de los músculos y la respiración completa pueden practicarse a cualquier hora, y producen magníficos resultados en la cama cuando a uno le cuesta trabajo dormirse.

5. La respiración completa se puede practicar sola, a cualquier hora. Si bien es más fácil hacerla inicialmente estando acostado, con la experiencia usted aprenderá a practicarla también sentado.

6. Para la mayor parte de las personas, la mejor forma de aprender a estirarse y a respirar adecuadamente es tomar clases de hatha yoga. Las clases de yoga varían. Algunas están orientadas totalmente hacia el estiramiento, mientras que otras pueden tener como objetivo el desarrollo espiritual. Elija el tipo de clase que más se ajuste a sus necesidades.

7. Si está tratando de resolver un problema de dolor, piense cuáles podrían ser los beneficios secundarios. Anótelos y considere otras formas más saludables de satisfacer sus necesidades.

4

El estar consciente y el descubrimiento del "yo"

El que alguna vez se ha encontrado saludable, bien alimentado y rodeado de sus seres queridos, y, a pesar de eso, se ha sentido terriblemente angustiado, no vacilará en admitir que la paz interior es una condición necesaria para la felicidad. Pero ¿cómo podemos aprender a tener paz interior si la mente es intranquila por naturaleza y proyecta sus necesidades y sus temores en forma incesante hacia el pasado y hacia el futuro?

Piense por un momento en su actividad favorita. ¿Cómo se siente cuando disfruta de algo que realmente le gusta? Cuando usted escucha su música preferida con plena atención, otros pensamientos y deseos se desvanecen. Simplemente está viviendo el momento. Se siente verdaderamente contento — en paz. Inevitablemente, desde luego, su mente vuelve a irrumpir. ¿Cómo puede sentarse a escuchar música? Tiene que asear la casa, o pensar en el trabajo, o preparar la comida, o preocuparse de asuntos de dinero, o hacer una llamada telefónica, o cualquier sinnúmero de cosas. Como ya no está viviendo el momento, su mente se apresura a tomar otros rumbos.

Si pudiera ejercitar la mente para que desista de otros deseos y vuelva a ellos sólo en el momento oportuno de hacer las cuentas y las llamadas telefónicas, por ejemplo, usted podría experimentar la paz interior. La paz interior se logra mediante una práctica conocida como *estar consciente*. Lo opuesto a esto, el estado en que la mente se encuentra en muchos sitios a la vez, es la *falta de consciencia*, o "dispersión" de la mente.

Alice Adelman Lowenstein es el verdadero nombre de una mujer de mucho coraje, poetisa y escritora de novelas, de unos cuarenta y cinco años de edad. Formó parte del primer Grupo para la Mente y el Cuerpo. Padecía alergias graves que la hacían guardar cama debido al vértigo extenuante que le producían elementos aparentemente inocuos como un perfume o un ingrediente inesperado en una comida. Alice descubrió que varios períodos largos de meditación durante el día aliviaban sus alergias. Se convirtió en estudiante consagrada de la técnica de meditar en estar consciente. Esta práctica meditativa consiste en fijar la atención en la respiración, para luego observar los pensamientos, los sentimientos, las percepciones y las sensaciones en forma pasiva, sin formar juicios. Las ideas sobre lo bueno y lo malo se desvanecen y la persona se entrega sosegadamente al presente.

Hace casi un año, Alice tuvo un accidente automovilístico que por poco le cuesta la vida. El tórax le quedó aplastado, y también sufrió lesiones cerebrales, cuando el automóvil que el marido conducía por una carretera cubierta de hielo se quedó sin control. Las probabilidades de vida de Alice eran tan sólo del uno por ciento. Su proceso de recuperación fue realmente extraordinario. Luego de pasar varias semanas en la unidad de cuidados intensivos, fue trasladada a un hospital de rehabilitación. Todo su vocabulario se reducía a unas pocas centenas de palabras. Al igual que algunos pacientes apopléticos, había perdido el acceso al idioma. A duras penas puedo imaginarme la frustración que eso significa para cualquier persona, más si se trata de una escritora tan maravillosa. Alice también había perdido la facultad de controlar su cuerpo. Era como un niño pequeño que tenía que volver a aprender las técnicas más básicas del idioma y de la locomoción.

Alice me sonreía cuando recordaba el proceso de aprender a caminar de nuevo. Cada paso era una meditación. Tenía que concentrarse en las más leves sensaciones que le producía caminar, pues de lo contrario se caía. Cuando hablaba, tenía que fijar toda su atención en enlazar las palabras para formar frases. Cuando jugaba con cubos para recuperar la aptitud espacial, tenía que ejecutar cada movimiento con absoluta concentración, dedicándole plena atención. Cualquier desviación hacia la falta de consciencia se ponía en evidencia, pues ya no podía desempeñar la tarea. Normalmente tenemos muy poca consciencia de los rumbos que toma la mente. Alice consideraba este rápido sistema de "retroalimentación" como un regalo de Dios. Sus incapacidades se convirtieron en poderosos maestros de cómo vivir en el momento.

Estar consciente: La meditación en acción

Estar consciente es la meditación en acción e implica un enfoque de "estar aquí, ahora" que permite que la vida se desarrolle sin las limitaciones de las ideas preconcebidas. Significa estar dispuesto a percibir el momento tal como es y a admitir lo que el momento pueda traer. Es un estado relajado en el cual se observa cuidadosamente tanto el mundo interior de los pensamientos y sentimientos como el mundo exterior de las acciones y las percepciones.

Estar consciente significa fijarse en la comida cuando uno come, disfrutarla en lugar de estar pensando en otras cosas. Estar consciente significa percatarse uno de la experiencia del movimiento durante una caminata, y de lo que ve, oye o huele alrededor. Durante una sesión de un día completo, que tiene lugar a mitad del Programa para la Mente y el Cuerpo, damos un largo paseo por un parque situado a orillas de un río que pasa cerca del hospital. El paseo no tiene ningún "propósito" — no hay que ir a ninguna parte y no hay que lograr ninguna meta. El único logro es estar presente en el proceso de caminar. Usualmente, nuestros pacientes se asombran de lo extraordinarias que son las cosas comunes y corrientes. Oyen los sonidos y ven las cosas con oídos y ojos nuevos, con la clase de alegría que experimenta un niño.

Si usted quiere ver el estado de consciencia en acción, observe cómo juegan los niños pequeños. Pueden estar jugando con un objeto tan sencillo como un tazón. Para un adulto, el tazón es un recipiente y se guarda en tal o cual estante. Para un niño, el tazón no tiene límites. Puesto al revés, es un tambor. Puesto verticalmente es un volante de automóvil. En la fantasía puede convertirse en una cuna o un balde o una nave espacial en camino hacia la Luna. Para un niño, todo es nuevo. Cuanto más convencidos estemos de saberlo todo, tanto más nos aislaremos de la experiencia cambiante de la vida.

Estar consciente requiere un cambio de actitud. El goce no está en concluir una actividad — el goce está en llevarla a cabo. A los individuos del Tipo A les parecerá que esto es completamente ajeno a su modo usual de percibir las cosas. Recuerde que la conducta de las personas del Tipo A tiende a ser polifacética — tratan de hacer varias cosas simultáneamente. Sin embargo, la realidad de pensar y hacer es que sólo podemos pensar o hacer una cosa a la vez. La mente puede saltar de una cosa a otra, pero sólo puede concentrarse plenamente en una de ellas. Por tanto, el pensamiento polifacético es un desperdicio de tiempo. También genera un enorme estrés. El estar consciente se sintetiza muy bien en la siguiente historia narrada por Nossrat Peseschkian:

> Durante un viaje, Abdu'l-Bahá, hijo de Bahá 'u' lláh, y fundador de la religión Bahá'i fue invitado a cenar a casa de una familia. La mujer tenía las mejores intenciones de demostrar sus grandes dotes culinarias. Cuando sirvió la comida, presentó disculpas porque ésta se había quemado. Mientras cocinaba, se había puesto a leer sus oraciones con la esperanza de que la cena fuese especialmente exitosa. Con una sonrisa amable, Abdu'l-Bahá le dijo: "Es bueno que rece. Pero la próxima vez que esté en la cocina, rece con un libro de cocina".

Estar consciente de la tarea de cocinar hubiera sido un acto de devoción más verdadero que fragmentar las actividades de cocinar y rezar, de modo que ninguna de las dos se cumplió a cabalidad.

Ejercicio de estar consciente

PASO 1: Ejercicio diario de estar consciente

En el Grupo para la Mente y el Cuerpo, los pacientes practican estar conscientes todos los días. Eligen una actividad, bien sea lavarse los dientes, secarse después de una ducha, comerse una fruta, o hacer el amor — literalmente cualquier actividad — y la realizan como una meditación. Estando conscientes. Ensáyelo. Le sorprenderá cuán diferente sabe una ciruela cuando usted está consciente de que se la está comiendo.

PASO 2: *Concentración en el momento*

Usted mismo puede entrenarse para estar consciente cultivando la costumbre de tomar consciencia del lugar en donde está su mente y luego decidir el sitio en donde usted quiere que esté. Por ejemplo, si usted necesita el tiempo que gasta en ir a tomar el autobús para programar su día, entonces ha hecho una elección consciente. Trate de planear sin incurrir en cavilaciones que tan sólo producen tensión.

Si no necesita planear, entonces *simplemente sea*. Concéntrese en la respiración, lance un suspiro de alivio, y luego experimente el ritmo de respirar y caminar. Después de un rato usted caminará cómodamente, quizá dando dos pasos mientras inspira y dos pasos mientras espira, o cualquier otro ritmo que le acomode. Este podría ser el enfoque — el ancla — que obligue a su mente a aquietarse mientras usted fija la atención en lo que está a su alrededor — los árboles, las nubes, la gente — sin hacer juicios. Limítese a disfrutar el momento.

PASO 3: *Toma de consciencia del pensamiento y de la reacción física*

Inevitablemente, su mente empezará a divagar mientras usted practica estar consciente. Aprender a observar qué rumbos toma la mente también constituye un *ejercicio de toma de consciencia*. En el capítulo anterior empezamos a ejercitar la toma de consciencia en los niveles más básicos: los músculos y el sistema nervioso autónomo. Aquí nos convertimos en observadores de los pensamientos que producen estos cambios corporales. Hay dos clases de pensamientos:

- Los no aflictivos: "¿Qué habrá para cenar?" o "¿Veo televisión o leo este libro?" son pensamientos que van y vienen todo el tiempo sin lograr que el cuerpo reaccione. No tienen mayor importancia.
- Los aflictivos: "¿Por qué mi pareja y yo no nos llevamos bien?" o "Tengo miedo de que mi enfermedad sea fatal" son pensamientos que definitivamente logran que el organismo reaccione. Producen una respuesta emocional de temor, culpa o ira. Como estos pensamientos nos sacan del momento actual, y se acumulan en el organismo, son muy poderosos.

Una de mis pacientes, una joven enfermera que sufría ataques de angustia, se sorprendió cuando se dio cuenta de que la angustia no aparecía súbitamente en todo su vigor de la nada. Cierto tipo de pensamientos siempre precedían a sus ataques, a la vez que otros los iban alimentando. Cuando aprendió a controlar sus pensamientos, su angustia desapareció. Tal como se verá en los siguientes capítulos, el ciclo de falta de consciencia, de preocupación y de condicionamiento se puede romper en los pensamientos, en los sentimientos o en la acción misma. Empecemos por considerar en qué forma la mente adquiere los hábitos condicionados que dan lugar a una repetición sin sentido.

Condicionamiento mental

El aprendizaje humano es un proceso de condicionamiento. Tan pronto como ocurre algo, se forman impresiones mentales que favorecen su reaparición en circunstancias similares. ¿Recuerda los perros de Pavlov? Los hechos emocionales son condicionados de manera similar. Lo mismo que las películas de video, las impresiones acumuladas pueden volver a presentarse incansablemente a lo largo de la vida. Esta repetición sin sentido de impresiones pasadas continúa, a menos que las iluminemos con la luz de la consciencia y cambiemos nuestro condicionamiento pasado, borrando las cintas desgastadas.

Cuando yo tenía seis años, iba un día con mi padre por la calle, cuando de pronto apareció un enorme perro negro a la vuelta de la esquina. Mi padre sintió pánico, e inmediatamente me arrastró hasta el otro lado de la calle. Su miedo me dejó atónita, pues el perro parecía muy manso y yo quería acariciarlo. La realidad del animal guardaba muy poca relación con nuestras reacciones tan diferentes — con los pensamientos producidos por nuestra mente.

Un perro había mordido a la madre de mi padre cuando éste era niño, y él guardaba la poderosa impresión — un recuerdo — de que los perros son atemorizantes y peligrosos. Yo, por mi parte, había estado en compañía de un pastor escocés sumamente manso que pertenecía a mi buena amiga Nancy. Mi mayor deseo era tener un perro como el de ella. Pocas veces vemos las cosas como son. Vemos, en cambio, el reflejo de nuestro propio condicionamiento.

Creemos y actuamos con base en opiniones y suposiciones como si éstas fueran reales, y hacemos caso omiso de otras experiencias. Mi padre tenía un prejuicio contra los perros, y esta actitud lo tuvo aprisionado en un apartamento durante años, por temor a comprar una casa en cuyo vecindario pudiera haber perros grandes.

Las viejas impresiones crean barreras de muchas clases. Algunas, como el temor a los perros, son evidentes. Otras son más sutiles. En algunos casos, basta con tomar consciencia de un viejo patrón para cambiar la situación. En otros es, simplemente, un comienzo.

Ben, un plomero de cincuenta y ocho años, acudió a mi consultorio con dolores en el pecho e insomnio. Me dijo casi casualmente que conducir le producía terror. Podía conducir de día, pero no de noche. Podía conducir hacia el Este por la autopista de Massachusetts, pero no hacia el Oeste. Su fobia había comenzado aproximadamente cinco años antes, después de haberse recuperado de lesiones en la cabeza que le habían hecho olvidar cómo habían sucedido.

El tratamiento usual para una fobia es lograr que el paciente entre en un estado relajado y luego ayudarle a imaginar, en forma progresiva, más versiones atemorizantes de la fobia, mientras se mantiene relajado. Si la persona puede permanecer relajada mientras la mente revive la miedosa fantasía, la respuesta condicionada que lleva al ciclo de angustia se rompe. La respuesta de lucha o huida se desacopla de las fantasías de la mente. Me propuse ver a Ben durante su sexta semana en el Grupo para la Mente y el Cuerpo, cuando hubiera aprendido a lograr la respuesta de relajación. Luego pasaríamos por el proceso de insensibilización, reconectando sus temores a un estado de relajación.

En aquel entonces construimos una jerarquía, o serie graduada, de situaciones que él consideraba amenazantes. La menos amenazante era conducir en las últimas horas de la tarde. La más amenazante era conducir en la oscuridad por la autopista hacia el Oeste. Ben entró con mucha facilidad en un estado meditativo y subió los primeros peldaños de la jerarquía sin problema alguno. Aunque su mente revivía el peligro, podía relajarse. Yo pensaba en lo fácil que esto sería para él. Ben podría volver a proyectar la cinta de la sesión unas cuantas veces y luego comenzar a conducir de noche acompañado de su esposa, hasta que al cabo de unas cuantas semanas estuviera en condiciones de conducir hacia el Oeste sin que nadie lo acompañara. Justamente cuando estábamos acercándonos a ese peldaño de la jerarquía, mis fantasías sobre lo fácil que todo esto resultaría se evaporaron.

Ben se puso a gritar. Le puse la mano en el hombro y le dije que podía respirar y relajarse o respirar y completar lo que estaba sucediendo en su interior. Luego de uno o dos minutos, Ben abrió los ojos lentamente. Movió la cabeza de un lado para otro, casi con incredulidad: "Esa fue una experiencia asombrosa. No puedo creerlo. Fue como si realmente estuviera sucediendo".

Ben describió el recuerdo que lo hizo gritar. La víspera de Navidad, cinco años antes, subió a su automóvil y se dirigió al Oeste por la autopista. De repente sintió el cañón de un fusil en la nuca. Había dos hombres en el asiento trasero. Le ordenaron tomar la siguiente salida y conducir hasta un potrero, donde lo despojaron de todas sus pertenencias. Ben se despertó en un hospital, con lesiones graves en la cabeza y sin poder recordar lo que había ocurrido.

En el estado relajado de meditación, en el cual la mente inconsciente se hizo accesible, regresó su memoria reprimida. Para Ben, el hecho de entender la causa de la fobia fue un gran paso adelante. Enfrentarse a la realidad de lo que la había originado era mucho más fácil que luchar con su sombra — la terrible angustia y los dolores de pecho que no lo dejaban dormir sin razón aparente. Su dolor de pecho desapareció casi de inmediato, al igual que el insomnio, y pocas semanas después pudo conducir tan bien como antes, usando la respiración como instrumento de relajación que contrarrestaba su temor condicionado.

Es posible que los temores grabados en nuestra memoria hayan sido reales: El perro sí mordió, sus padres sí lo criticaron, los ladrones sí cometieron el robo. Pero seguir protegiéndose después de haber pasado la situación, ha pasado y, lo que es peor, ver la antigua amenaza donde no existe, equivale a construir una prisión y vivir voluntariamente en ella. Esta clase de temor transferido ya no es útil y puede destruir nuestra salud y nuestra felicidad.

La mente es como el motor de un automóvil. Su funcionamiento proporciona la energía necesaria para ponernos en movimiento.

Cuando la mente está engranada, somos arrastrados por su energía. Los pensamientos de ira engendran otros pensamientos de ira. Los pensamientos de temor acumulan más temor, y la mente adopta la forma de los pensamientos en los cuales está absorta. Si cambiamos a neutro, respirando y adoptando la posición de observadores atentos y cuidadosos, podemos separarnos de la mente aunque ésta esté todavía funcionando. De esta manera la mente puede finalmente convertirse en un servidor nuestro y no en nuestro amo, siempre que aprendamos a vivir en el presente en lugar de aferrarnos al pasado o al futuro. Para lograrlo, es preciso que entendamos cómo funciona la mente.

La mente como un instrumento

En los capítulos que siguen nos ocuparemos de varios enfoques sobre la consciencia y el control de la mente. Primero, es necesario entender qué es la mente y cómo funciona. A través de los siglos, diversos filósofos y psicólogos han desarrollado diferentes mapas de la mente. Los mapas más sofisticados han surgido como resultado de extensos estudios de meditación, puesto que la meditación es un microscopio a través del cual la mente puede ser observada y analizada. No es sorprendente que los mapas generados por la observación meditativa sean similares a los desarrollados por los psicólogos que obtienen sus datos mediante el estudio de los patrones comunes de la mente, tanto en la salud mental como en la enfermedad mental.

Concebir la mente como un instrumento psíquico formado de cuatro partes es útil porque la sitúa en el lugar que le corresponde. *La mente es un instrumento que usamos; no fue hecha para convertirse en nuestro carcelero*. He aquí un mapa de la mente que puede ayudarle a entenderla y usarla para que la aproveche al máximo:

1. La mente consciente. Se puede considerar que la percepción sensorial es la consciencia más básica. Antes de empezar usted a hacer interiormente comentarios y juicios de valor sobre las cosas, tiene que percibirlas. Las visiones, los sonidos, los olores, los sabores y el tacto que nuestros sentidos perciben son las formas de información más simples que tenemos sobre el mundo. A este nivel, un perro negro es un perro negro. No es atemorizante ni agradable. Simplemente es. Cuando somos bebés, antes de adquirir experiencia y desarrollar el lenguaje, la percepción sensorial es nuestra consciencia primaria.

2. La mente inconsciente. Cada una de nuestras experiencias es codificada como una impresión dentro del sistema nervioso. Por esta razón no tenemos que volver a aprender a conducir un automóvil cada vez que nos sentemos frente al timón. Tal como veremos en el capítulo 6, el inconsciente es una mina de información de cosas aprendidas a la que podemos recurrir para aclarar con sabiduría cualquier situación. Como ya hemos podido ver, también es una caja de Pandora llena de temores, desilusiones y viejas grabaciones que, aunque ya no sean importantes, persisten.

3. El intelecto. Esta es la facultad de razonar, usando información tanto de las percepciones sensoriales conscientes como de los conocimientos almacenados en el inconsciente. La forma de intelecto más pura es ''pensar por elección'' en lugar de quedarse atrapado en cavilaciones espontáneas sobre ''qué tal que'' y ''ojalá que''. Cuando el intelecto funciona con claridad, sin el temor y sin la duda de viejas cintas, la mente está en su gloria, sintiendo nuevas percepciones y creando nuevos significados.

4. El ego. Es la colección de opiniones que tenemos sobre nosotros mismos — la forma en que nos describiríamos ante el mundo. Es una identidad que hemos creado para nosotros mismos con el ánimo de sentirnos seguros y protegidos. Como una máscara que se exhibe ante el mundo, nos protege contra nuestros temores condicionados. Sin embargo, en algún punto los muros del ego crean más dolor del que evitan. El desarrollo personal exige que primero se forme un ego, para luego comprenderlo y por último trascenderlo.

En los próximos capítulos seguiremos analizando las cuatro partes de la mente. En vista de que el ego es la parte de la mente que se vale de los temores tanto conscientes como inconscientes y promueve la insensata proyección repetida de viejas cintas mentales, es importante entender su desarrollo a fin de poder desistir de ese empeño y permitir la posibilidad de estar consciente.

El desarrollo del ego: El Juez

El ego se desarrolla durante la infancia. Al comienzo el bebé piensa que él y su madre son un solo ser. Más tarde empieza a desarrollar el sentido de un ser separado. Si los *noes* de un niño de dos años alguna vez lo han hecho clamar al cielo, usted ha presenciado el ego en proceso de desarrollo. Todos los seres humanos necesitan saber que son personas por derecho propio, con sus propias necesidades y pensamientos, capaces de crear significados peculiares de ellos.

El papel básico del ego es proporcionarle una identidad a nuestra singularidad, a través de la cual pueda expresarse. Infortunadamente, el ego en desarrollo tropieza generalmente con un sinnúmero de mensajes que dejan impresiones de peligro e inseguridad. El niño cuyos padres están demasiado estresados o son demasiado ignorantes para darle el amor que necesita, recurre a diversos medios para llamar la atención. Estos van desde portarse ejemplarmente hasta exteriorizar sus impulsos incendiando la casa. Ambas conductas simplemente representan intentos de conseguir lo que el niño necesita para sobrevivir.

Para la mayor parte de nosotros, el ego es una combinación de impresiones. Contiene algunos comportamientos que llevan a la intimidad, a la productividad y a la creatividad. Contiene otros que pueden considerarse como colecciones de muros, levantados para aislarnos de los sufrimientos y para sentirnos seguros. El muro más grande y más triste es el que muchas personas levantan alrededor de su corazón. Como temen ser heridas y abandonadas, se aíslan del amor.

El ego manifiesta su inseguridad juzgándolo todo, tratando de asegurar la felicidad manteniéndolo todo estrictamente controlado. Por esta razón al ego le doy el nombre de Juez. Divide la vida en dos categorías rígidas: lo bueno y lo malo. Buscando ciegamente lo bueno y evitando lo malo, se ve atrapado en la ilusión de que tiene que ser bueno para garantizar su propia existencia.

Las psicologías orientales, basadas en la experiencia de observar los hábitos de la mente, dictaminan que la tarea de un adulto es desmantelar el ego — derribar los viejos muros de temor e inseguridad que alimentan los diversos actos y posturas que adoptamos para aparecer aceptables. El ego suele ser comparado con una máscara que nos colocamos para mostrársela al mundo, y de la que gradualmente dejamos de estar conscientes. Creemos que somos la máscara.

Es fácil reconocer la máscara del ego — sus muros que no permiten entrada a la ilusión del dolor. El Juez persigue un designio fundamental — buscar el placer y evitar el dolor. Desde la infancia estamos condicionados para equiparar la seguridad y el placer con ser buenos, y el temor y el peligro con ser malos. Como mucha gente alberga temores secretos de que tiene defectos o de que no es lo suficientemente buena, no es de sorprender que la angustia esté tan difundida. En los rincones más escondidos del inconsciente, ser malo constituye una amenaza para nuestra propia supervivencia, lo cual genera temores primitivos de abandono y desolación. Todos los muros del ego, en sus innumerables variaciones, llevan grabada la palabra *supervivencia*. Alguna vez le oí decir a alguien: "Perdóneme por estar vivo". Ese comentario tiene raíces muy profundas; la idea de que tenemos que justificar nuestro derecho a existir es la esencia del temor.

Todos los niños quieren que les reconozcan sus logros, y quieren eludir la crítica. Los psicólogos han aprendido algo interesante en relación con moldear o condicionar la conducta. Es fácil condicionar la conducta con estímulos positivos. Si se elogia cada pequeño paso hacia un objetivo, el aprendizaje progresa en forma rápida. El castigo, ya sea crítica verbal o castigo corporal, también modifica la conducta, pero no siempre en la dirección deseada.

Nuestra propia conducta y los pensamientos que la apoyan son una mezcla intrincada de respuestas a estímulos positivos y negativos. La mayoría de las personas hacen cualquier cosa por tener la razón — por que la consideren buena. Esto puede manifestarse actuando como perfeccionista compulsivo o haciendo mal un trabajo, pero culpando a otros de los malos resultados. Pero si usted escucha atentamente el diálogo que tiene lugar en su interior, puede advertir que su tema principal tiene que ver con bueno, malo o indiferente. Usted puede arreglar la casa y empezar a cavilar si otras personas notarán su estupenda labor y si la elogiarán por ello. Si usted fantasea que las personas no harán tal cosa, entonces ellas son malas y usted se enoja. ¿Alguna vez ha observado cuán críticos son los adolescentes? Quieren que las cosas sean familiares. Las cosas extrañas — la gente de otros países, los alimentos nuevos, los desconocidos — constituyen amenazas potenciales. Mucho después de haber desarrollado nosotros la facultad de discriminar para diferenciar una amenaza de una situación nueva, el implacable Juez que vive en nuestro interior sigue trabajando arduamente, portándose bien para mantenernos seguros y lograr que nos sigan queriendo.

Yendo más allá de la mente: El Testigo

La mente de un bebé todavía no se ha desarrollado. Tiene consciencia — es decir, percepción sensorial — pero al comienzo no le atribuye significado alguno a la percepción. Las otras tres partes de la mente se van desarrollando a través de la experiencia y el condicionamiento. ¿De qué está construida la mente? ¿Deja uno de existir si la mente se detiene por completo y no funciona más?

Ensaye este experimento antes de seguir leyendo: **Puesto que la mente se expresa con palabras, durante el próximo minuto conviértase en el Testigo, escuchando lo que dice su mente. Cierre los ojos, lance un suspiro de alivio, haga tres respiraciones abdominales y escuche su mente durante un minuto.**

¿Qué sucedió? Probablemente tuvo alguna de estas dos experiencias: O bien usted observó cómo sus pensamientos iban pasando o, cosa extraña, no hubo pensamiento alguno. Mis pacientes con frecuencia se asombran de que cuando observan su mente muy de cerca, ésta tiende a detenerse o a desacelerar el paso. Steve Maurer, mi colega en la Clínica para la Mente y el Cuerpo, dice que la mente se avergüenza cuando la miramos. Por lo general, cuando nos convertimos en el testigo de nuestra propia mente — sea que ésta se acalle o siga funcionando — experimentamos paz. Usted no deja de existir cuando la mente se acalla. Sigue consciente de su propia existencia y de su propia consciencia, y ese conocimiento proporciona mucha paz. Ensaye el experimento de nuevo durante un minuto.

La meditación desarrolla la facultad de hacerse consciente de una parte de la mente que no emite juicio alguno, es decir del Testigo. El Testigo es la parte de la mente que observa — la que está consciente de pensar. Puesto que el Testigo está más allá del ego, no se involucra en emitir juicios y por eso está contento en cualquier situación. Otro nombre para el Testigo es el "yo", o la mente no condicionada. Ese yo es el mismo en todo el mundo porque no ha sido condicionado por nuestras experiencias. Existe antes de la experiencia y del surgimiento de las diferentes partes de la mente. En muchas de las diferentes psicologías y filosofías, el ego es llamado yo con y minúscula, porque representa nuestra propia historia personal, con todas las limitaciones de nuestras actitudes y nuestros temores. El Yo con Y mayúscula representa un potencial totalmente ilimitado.

El conocimiento de que hay una similitud esencial en todo ser humano — de que el núcleo de cada uno de nosotros consta de la misma consciencia — es la esencia de la mayoría de los sistemas espirituales. Las filosofías orientales hablan de trascender las limitaciones del ego de modo que el yo interno pueda ser conocido como parte de toda la consciencia divina. Jesús también nos enseña que amemos a nuestro prójimo como a nosotros mismos.

Muchos sistemas de desarrollo psicológico buscan el mismo objetivo. Cuando la duda y el temor se desmantelan, la persona puede darse cuenta de la existencia de un manantial interior de seguridad, compasión, paz y alegría que alimenta su contribución a la plenitud de la vida y que le permite realizar o actualizar su potencial interno. Los términos *autorrealización* y *autoactualización* se refieren al proceso que se origina cuando una persona se identifica con el Yo o Testigo en lugar de identificarse con el ego.

Un rabino que estaba atravesando una época de gran aflicción le escribió a Albert Einstein. El hombre tenía dos hijas, de dieciocho y dieciséis años. Cuando la menor de ellas murió, no pudo consolar a la hija que le quedaba. La respuesta de Einstein constituye un resumen conmovedor de lo que los sistemas espirituales y algunos sistemas psicológicos han identificado como el proceso de desarrollo personal.

El ser humano forma parte de un todo, al cual llamamos "Universo", una parte limitada en el tiempo y en el espacio. Este ser humano se experimenta a sí mismo, y experimenta sus pensamientos y sentimientos como algo separado del resto — una especie de ilusión óptica de su consciencia. Esta ilusión constituye una especie de prisión, que nos restringe a nuestros deseos personales y a tenerles afecto a unas pocas personas cercanas a nosotros. Nuestra tarea debe ser librarnos de esta prisión, ampliando nuestro círculo de compasión para abrazar a todos los seres vivientes y a toda la naturaleza en su belleza. Nadie puede lograr este objetivo a cabalidad, pero el esfuerzo por alcanzarlo es, en sí mismo, una parte de la liberación y un fundamento de la seguridad interior.

Casi todos hemos tenido alguna experiencia del Yo interno y su relación con un todo mayor, aunque quizás no la hayamos considerado exactamente en esa forma. El recuerdo de darle el pecho a mi hijo, sintiéndome un solo ser con él, llena de amor y de paz, fue una experiencia del Yo.

Una de nuestras pacientes de cáncer, llamada Mary, le contó a su grupo una hermosa historia de una experiencia muy diferente pero esencialmente similar. A Mary le habían informado que tenía cáncer en los ovarios sólo unos pocos meses antes, y luego de una intervención quirúrgica, se encontraba en la mitad de un breve tratamiento de quimioterapia. Ella y su marido habían decidido ir en automóvil a las montañas Adirondack para descansar de la angustia de los meses anteriores, y estaban sentados a la orilla de un lago de aguas cristalinas, una tarde de primavera, escuchando atentamente el trinar de los pájaros y el murmullo del viento. El sol poniente se desplegaba en abanico, formando un mosaico de rojos y azules que resplandecía cuando se reflejaba trémulamente en la superficie tranquila del agua. De repente, Mary perdió la acostumbrada percepción de sí misma al mirar el agua. Sintió, en cambio, la poderosa experiencia de ser un mismo ser con el agua, con los pájaros, con el cielo, con la tierra y con su marido. Las fronteras entre ella y sus percepciones se habían borrado. Más tarde, Mary se dio cuenta de que la experiencia había durado unos diez minutos, pero le había parecido una eternidad.

Esforzándose por encontrar las palabras para explicar su estado emocional, Mary se concentró en la paz trascendental, en la perfecta unión con el universo, y en el amor total. Continuó diciendo que ahora ya no le tenía tanto miedo al cáncer porque había experimentado de primera mano que la consciencia humana no se limitaba al individuo. Los demás miembros del grupo se quedaron sumamente conmovidos por su relato, el cual dio lugar a recuerdos de experiencias similares aunque menos intensas, que otros habían tenido en diferentes épocas de su vida.

Ecuanimidad: Dejar que el Juez descanse

Uno de mis pacientes, llamado John, que se había quedado ciego a consecuencia de la diabetes, comentó una vez que ser ciego no era su problema. El problema de John era que no podía dejar de desear no ser ciego. Tan pronto como la mente empezaba a relacionarse con el deseo de que las cosas fueran diferentes, se ponía furioso y se sentía frustrado, lo cual lo volvía tenso e irritable. Sus sentimientos de frustración despertaron recuerdos almacenados de otros tiempos en que se sentía impotente y se enfurecía. John deseaba romper ese hábito mental y aprender a vivir con su ceguera.

John estaba atrapado en el más común de todos los conflictos — el deseo de que la vida fuera diferente. Esta es la esencia del sufrimiento. La única forma de acabar con ese sufrimiento es dejar los deseos — los anhelos y los temores que nos impiden vivir en el presente. El deseo de tener lo que no tenemos — los ''ojalá que'' — y el deseo de evitar lo que no queremos — los ''qué tal que'' — son la mayor preocupación del ego. Los deseos son siempre la causa del sufrimiento — de salirse del presente y caer en las cavilaciones del ego.

¿Cuántas veces le ha dicho su mente que podría ser feliz si perdiera diez libras? ¿Si ganara más dinero? ¿Si tuviera buena salud? Luego, aun cuando estas cosas se conviertan en realidad, uno simplemente continúa en la búsqueda de la siguiente serie de condiciones para poder alcanzar la felicidad. La condiciones son como la proverbial zanahoria colgada enfrente del burro. Este nunca la alcanza.

La felicidad sólo puede tener lugar en el momento en que los deseos cesan. Entonces la mente está tranquila. No está pensando, ni deseando, ni temiendo; está totalmente absorta y atenta. ¿Puede usted recordar la satisfacción que produce beber un refresco cuando se tiene muchísima sed en un caluroso día de verano? Cada vez que la mente esté completamente absorta — perfectamente consciente — se acalla, y automáticamente uno experimenta el fondo de una consciencia no condicionada — el Yo — que siempre está ahí, pero que normalmente se oculta tras los escarceos de la mente. *Como la satisfacción de un deseo apacigua temporalmente la mente y se experimenta un Yo lleno de paz y de regocijo, no es de extrañar que nos dejemos atrapar por la creencia de que la felicidad es el resultado de la satisfacción de los deseos. Este es el significado del viejo refrán: "La felicidad no está en las cosas, está dentro de nosotros".*

Aunque lograr algo que deseamos o evitar algo que no deseamos puede proporcionarnos una paz momentánea, ésta no perdura. La mente es como un drogadicto — anda al acecho de su próximo golpe de felicidad. Tratando de satisfacer un deseo. Entre satisfacción y satisfacción, la experiencia es, por lo general, desagradable. La verdadera paz se presenta al abandonar la ilusión de que la satisfación de los deseos trae placer. Esto se llama ecuanimidad. En ese estado, cada momento es una oportunidad de vivir plenamente, de estar consciente. En lugar de lavar la loza con la actitud de que la vida se encuentra en suspenso hasta que la labor desagradable concluya, usted puede optar por lavar la loza en consciencia, observando la sensación que le producen el agua, las burbujas, el contacto con los platos. En el estado de observación consciente, ya no hay juicios sobre algo agradable o desagradable. La mente se apacigua, y usted puede sentir la alegría del Yo.

Una paciente llamada Sabrina me llamó una vez durante su primera semana en el Grupo para la Mente y el Cuerpo. La mente de Sabrina se había tranquilizado mucho durante la meditación, y su respiración se había vuelto tan lenta que apenas se percibía. El tiempo perdió su significado, su cuerpo se llenó de sensaciones exquisitamente deleitables, y sintió lo que sólo pudo describir como regocijo y paz totales — un amor incondicional y una completa unión con todas las cosas. Las descripciones de tales estados son comunes si uno lee las vidas de los santos o los versos de los poetas místicos de la India. Sin embargo, el problema de Sabrina era que se estaba quedando atrapada en la rueda de los deseos. Por una parte el "qué tal que" una experiencia de esa índole conduzca a otros estados que podrían no ser tan agradables — el viejo temor a perder el control. Cuando la experiencia no se repitió, ese temor fue tomando el lugar de "ojalá que" suceda de nuevo. Sabrina consideró que sus otros intentos de meditación eran inútiles. Desde luego, la experiencia no podía ocurrir, pues la mente no podía quedarse tranquila porque seguía emitiendo juicios.

Le di a Sabrina el mismo consejo que me dio alguna vez un profesor de meditación: "Si no quiere que lo dejen plantado, no ponga citas". Esto significa adoptar un estado de ecuanimidad en el cual se tiene libertad para "ir con la corriente", aprendiendo de cualquier cosa que surja. La actitud de Alice en su recuperación de las lesiones cerebrales es un magnífico ejemplo de ecuanimidad. Al enfrentar las cosas a medida que se presentaban, ella eludió el inevitable sufrimiento de "ojalá que" y "qué tal que", y descubrió un poderoso maestro en lo que podría haber sido motivo de sufrimiento.

El esfuerzo por encontrar la paz interior nos enfrenta nuevamente al desafío de desistir. Desarrollar la capacidad de respirar y retirarse para ocupar la posición del Testigo — el Yo que observa — es la forma más rápida de aprender a ser consciente. Respirar mientras uno se da cuenta de que tiene ira es estar consciente. Enmarañarse en la experiencia de la ira hasta el punto de quedar dominado por ella equivale a sufrir. El más alto ideal de comprenderse a sí mismo se alcanza cuando el ego de una persona se ha retirado hasta el punto en que al elogio y al reproche se les da el mismo tratamiento. No se siente orgullo cuando las cosas salen bien ni depresión cuando las cosas salen mal; ciertamente ésta es una meta muy alta, de modo que es útil recordar las palabras de Einstein al respecto: "Nadie puede lograr este objetivo a cabalidad, pero el esfuerzo por alcanzarlo es, en sí mismo, una parte de la liberación y un fundamento de la seguridad interior".

Sugerencias para el lector

1. Continúe observando su mente. Identifique las clases de deseos, los "ojalá que" que no lo dejan ser feliz ahora, y los "qué tal que" que podrían privarlo más tarde de la felicidad. Es posible que descubra que su ego gira alrededor de unas pocas preocupaciones repetitivas. Anótelas. Cuando se presenten, felicítese por haberse

percatado de ellas. Practique emplear la respiración como recordatorio de que debe desprenderse de ellas. A veces es útil que anote sus angustias en una libreta a fin de adoptar las medidas apropiadas en el momento que usted destine este propósito. No tiene objeto preocuparse de arreglar la casa o preparar un informe o sostener una conversación antes de que esto suceda. Haga las cosas como si se tratara de una elección consciente, deshaciendo poco a poco el condicionamiento inconsciente.

2. Elija al menos una actividad diaria para ejecutarla conscientemente — con plena atención, como si fuera una meditación. Si está picando verduras, pique verduras. Concéntrese en los colores, en las texturas, en los movimientos. Si está secándose después de haberse duchado, simplemente séquese. Es fabuloso. Richard Alpert, psicólogo de Harvard, quien estudió durante años la consciencia, resume el estar consciente en el mensaje *Esté aquí ahora*. Coloque unos cuantos avisos por toda la casa a manera de recordatorios. La práctica es fácil; acordarse de hacerlo es lo difícil.

3. No deje que su ego lo intimide o lo asuste. Los viejos patrones son difíciles de cambiar, y, por lo general, tan pronto como lo intente, parecen fortalecerse en respuesta a sus esfuerzos. Esto es natural. Muchas personas creen que están en peores condiciones que antes cuando empiezan a percatarse de sí mismas. Uno no está peor que antes; simplemente se ha dado cuenta de lo que ocurre en el interior. Tomar consciencia es el primer paso hacia la elección de nuevas alternativas. Vale la pena la incomodidad temporal que implica conocerse a sí mismo.

4. Use el estar consciente para enfrentarse a la angustia y al dolor. En el capítulo anterior hablamos sobre la forma de hacerlo. Siga intentándolo. Cuando usted note que en su interior están surgiendo sentimientos de angustia, trate de observarlos. En lugar de quedarse atascado en juicios, conviértase en el observador. No incite la mente a la lucha, observe y desista, y verá que pronto ella se tranquiliza. Una paciente muy angustiada, de nombre Elizabeth, era un ama de casa de veintiocho años. Sus frecuentes ataques de pánico eran tan graves que creía que se estaba muriendo. Un buen día se dijo a sí misma: "Está bien, me estoy muriendo. ¿Quiero morir llena

de temor y angustia, o quiero morir en paz?'' Retornó a su respiración y empezó a advertir la sensación física de pánico. Pronto comenzó a sosegarse. No sobra decir que no murió. Como no había medicamentos que curaran los ataques de pánico de Elizabeth, se convenció de que su único recurso era estar consciente. Esa motivación le ayudó a aplicar las lecciones cuando tenía que hacerlo.

5. *Nota adicional*: Mucha gente necesita la ayuda de un viajero experimentado para recorrer los territorios prohibidos de la mente. Los psicoterapeutas han sido entrenados en los mapas de la mente y han explorado sus propios mapas en forma exhaustiva. Con frecuencia es aconsejable empezar el viaje con alguna terapia que garantice una travesía segura.

5

Trampas mentales: Cómo burlar las malas jugadas que nos hace la mente

Al amanecer de un día de primavera, dos monjes caminaban a orillas de un río. El río se estaba desbordando a causa de la nieve derretida. El único sitio por el que se podía cruzar, en muchos kilómetros, era un puente que se hallaba sumergido unos 60 centímetros. Una joven mujer, vestida de seda, estaba de pie junto a la orilla, aterrorizada con las aguas torrenciales. Cuando vio a los monjes, les lanzó una mirada suplicante. Sin decir palabra, el primer monje levantó a la mujer en los brazos, la sostuvo firmemente en alto mientras cruzaba con dificultad el puente inundado, y la depositó sana y salva en la otra orilla. Los dos monjes continuaron caminando en silencio hasta el atardecer, hora en que los votos de su orden les permitía hablar.

"¿Cómo pudo usted atreverse a alzar a esa mujer?", farfulló el segundo monje, con los ojos llenos de ira. "Usted sabe muy bien que nos es prohibido pensar siquiera en mujeres, mucho más tocarlas. Usted empañó su honor. Es una deshonra para toda la orden". Y sacudió el puño ante su compañero.

"Venerable hermano — dijo el primer monje —, yo puse a esa mujer en el otro lado del río al amanecer. Es usted quien la ha estado cargando todo el día".

Mis pacientes siempre se ríen cuando les relato esta vieja enseñanza Zen, porque es muy característica de la manera de aferrarse
la mente a una situación, generando sufrimiento mucho después
de haber ocurrido el incidente. Es mucho más difícil ser el primer
monje, que deposita la carga a la orilla del río, evitando así que se
convierta en un problema que se ha de llevar a cuestas durante
todo el día o durante toda la vida. Si bien es fácil darse cuenta de
que desistir es mucho más cómodo que aferrarse, ¿cómo se puede
aprender a desistir?

Cómo aprender a desistir

En el sureste del Asia los cazadores usan una trampa muy ingeniosa
para atrapar monos. El cazador ahueca una enorme calabaza, teniendo el cuidado de dejar la corteza intacta, con excepción de un
hueco lo suficientemente grande como para introducir un plátano
por él. Tarde o temprano aparece un mono por ahí, descubre el
plátano y mete la mano en la calabaza para sacarlo. Cuando el
mono aprieta la mano alrededor del plátano, queda atrapado — la
mano y el plátano no pueden pasar a través del hueco. El pobre
mono sella su propia suerte porque su mente no es capaz de
renunciar a la idea de agarrar la fruta. No puede desistir de su
propósito. El mono es, literalmente, prisionero de su propia mente.

A diferencia de los monos, los seres humanos tienen consciencia
y una opción, que son las dos claves para salir de cualquier apuro.
El primer obstáculo del mono es su incapacidad de saber que la
causa de su problema es aferrarse al plátano. Como no tiene
consciencia de lo que ha sucedido, carece de la opción de desistir
de su propósito. Nosotros, lo mismo que nuestros hermanos pri-
mates, a menudo nos olvidamos del hecho de que nuestra mente
puede desistir y crear una situación diferente. En cambio, nos parece
más fácil echarle la culpa a la calabaza o a cualquier otra circunstancia inmediata que asociamos con nuestro sufrimiento.

Hace varios meses me encontraba ante la estufa preparando
habichuelas, el último paso antes de servir la cena, cuando Justin,
mi hijo de diecisiete años, entró en la cocina. Su deporte es la lucha,
y cuando abre la nevera, me da la impresión de que podría aspirar
la comida directamente de los estantes.

— La cena está casi lista —, le dije; pero, sin embargo, sacó una manzana.

Justin estaba recostado contra el mostrador, comiéndose la manzana, mientras yo les cortaba frenéticamente las puntas a las habichuelas antes de que el agua hirviera.

— ¿Sabes, mamá? Te apuesto a que la Tía Sandy gasta cien dólares a la semana en taxis. ¿Por qué no compra un automóvil como todo el mundo?

— No es tan fácil —, contesté. Pasé alrededor de él hacia el lavaplatos y saqué el resto de las habichuelas de la coladera —. Ella vive en la ciudad, y tendría que alquilar un lugar de estacionamiento. Eso es costoso. Además, hay que hacer los pagos mensuales del préstamo, hay que pagar el seguro y la gasolina, sin mencionar el mantenimiento general y los gastos de reparación — podría costarle tanto como tomar taxis. Además, a ella le *gustan* los taxis.

— Pero podría conseguir un automóvil magnífico por seis mil — son apenas unos noventa dólares al mes.

Tomó una habichuela, la partió en dos y comenzó a tirar las dos mitades de una mano a la otra.

— Bueno, Justin, tal vez la Tía Sandy no se contentaría con un automóvil *económico* — le dije. El agua empezaba a burbujear. Tomé las habichuelas en ambas manos —. Inclusive un sedán de precio módico o un automóvil deportivo puede costar de doce a quince mil.

Las habichuelas cayeron al agua con un suave chapoteo y Justin replicó con enojo:

— ¡Qué desperdicio!

—No es desperdicio — le contesté —. ¿Qué cuesta más: un auto barato que se dañaría en tres o cuatro años o un auto costoso que dura diez?

Me miró disgustado y dijo:

— No hay que gastar una fortuna para conseguir un automóvil bueno.

Dejó caer las dos mitades de la habichuela en el mostrador.

Cuando la olla comenzó a hervir de nuevo, esperé treinta segundos y luego bajé el gas. Sentía que Justin me estaba mirando, preguntándose cómo podría importunar a su querida madre.

El mango de la olla todavía estaba caliente y lo agarré sin pensar. Grité de dolor. Mis dedos soltaron el mango rápidamente. En un segundo empujé a Justin a un lado y dejé correr agua fría sobre las puntas chamuscadas de mis dedos.

— ¡No tiene tanta importancia! — dije —. ¿Podrías decirme qué te hace creer que eres un gran experto en automóviles? ¿Por qué no haces algo útil por variar y dejas de preocuparte por la forma en que los demás gastan su dinero?

Justin me miró con asombro. Hay veces que miro a mi hijo y veo reflejado mi propio sobresalto. Me reí. ¿Por qué estábamos tan preocupados por un auto hipotético que nadie tenía siquiera intenciones de comprar?

Justin retiró la olla del fogón y con pequeños empujones me alejó del lavaplatos, y dijo:

— Ten cuidado o te quemarás de verdad.

Puse atención a lo que realmente estaba sucediendo en mi mente, el verdadero tema de la conversación. No eran los automóviles, desde luego. Tanto mi hijo como yo nos aferrábamos tenazmente a agendas ocultas. La verdadera conversación era una lucha de "quién tiene la razón". Ambos teníamos las manos atascadas en la calabaza, y ninguno de los dos estaba dispuesto a admitir que el punto de vista del otro podría ser válido.

La mayoría de los padres de hijos adolescentes conocen este juego de sobra. La conversación que se desarrollaba en mi mente era acerca de tener el control, de no estar equivocada. Sólo si tomaba un respiro y ocupaba la posición de observador, el testigo que analizamos en el capítulo anterior, podía tener la consciencia que me permitiría alguna opción. No había nadie a quien culpar y no había nada que discutir.

— Me parece ridículo que estemos fabricando el automóvil de Tía Sandy — dije.

Justin puso cara de vergüenza y sacudió las habichuelas en la coladera. Las vació en una fuente y dijo que iría a avisarle a su papá que la cena estaba lista. Sólo cuando señalé el lado humorístico del debate pudimos desistir y cambiar de tema. — Probablemente querría un Porsche — dijo sonriendo al salir de la cocina.

Al escuchar lo que realmente sucedía en mi mente — la conversación detrás de la conversación — reconocí mi trampa mental predilecta: la necesidad de tener la razón. Cada vez que me doy cuenta de ello, me acuerdo de la breve advertencia del psiquiatra Gerald Jampolsky: "¿Prefiero ser feliz o prefiero tener la razón?" Pero, por lo general, es difícil renunciar a patrones de conducta profundamente arraigados. Con frecuencia me he visto atrapada en mi propio deseo de tener la razón, enredada en mi creencia de que si los demás al menos reconocieran *mi* posición, yo podría desistir. Pospongo mi propia felicidad. ¿Les suena familiar?

La ira, la angustia y la tristeza, por sí mismas o en combinación, por lo general se producen cuando uno se aferra a un punto de vista. Las emociones negativas surgen de asociaciones pasadas que se repiten en nuestra mente, así como de la reacción de otros que se enojan con nuestra inflexibilidad. Este capítulo explora aquella parte de la mente que nos impide ceder. De una manera ideal, entendiendo la parte de la mente que nos hace malas jugadas, a usted le será más fácil entender la forma en que su mente realmente funciona. Tomar consciencia es el primer paso hacia una vida más saludable. Es un estiramiento mental que hace que sus percepciones sean más flexibles y que usted se relaje lo suficiente como para ceder y así permitir que un elemento de opción creativa entre a formar parte de su experiencia.

Las malas jugadas que nos hace la mente

En el capítulo 4 estudiamos las cuatro partes de la mente. Usted probablemente recuerda el ego, al cual caractericé como un juez despiadado que eternamente divide al mundo en bueno y malo, que siempre está juzgando las cosas a fin de asegurarse de que obtengamos lo que queremos y evitemos lo que no queremos. Al proceder de esta manera, se realiza un intercambio. No seremos felices, dice el ego, a menos que consigamos lo que queremos, pero el ego, considera al mundo en función de escasez, peligro y pérdida. Les da inclusive a esos momentos de satisfacción un tinte de temor — de que algún peligro imprevisto pueda surgir y arruinar nuestra felicidad. Esta es la forma en que piensa la mayoría de la gente. Lo mismo que Esaú, vendemos nuestro derecho de primogenitura por un plato de lentejas. Las lentejas son la trampa: "Yo puedo ser feliz si consigo lo que quiero y evito lo que no quiero".

Nuestro derecho de primogenitura es el Testigo interior — la consciencia no condicionada que ya está satisfecha y feliz sin consideración a las circunstancias exteriores.

Todas las maquinaciones de la mente nacen exclusivamente de
este error. Nuestro ego produce un flujo inagotable de películas
mentales, imágenes resplandecientes de nuestras simpatías y an-
tipatías, y cuanto más nos aferremos a estas imágenes o tratemos
de ahuyentarlas, tanto más nos apartaremos de nuestro Testigo,
nuestra única fuente real de paz.

Tal como vimos en el capítulo 4, la mayor parte del viejo bagaje
que logra ser transferido para formar parte de la experiencia inmediata contiene recuerdos almacenados de los deseos básicos del
ego: conseguir lo que queremos y evitar lo que no queremos. El
ego, al confundir la felicidad con la satisfacción de estos deseos,
perpetúa nuestro sufrimiento creando una serie de trampas mentales basadas en el temor. La ignorancia, que es la dinámica del
ego, constituye nuestro principal obstáculo para la libertad, nuestro
mayor impedimento para poder desistir.

Cómo conseguir lo que se desea

Desear cosas es parte natural de la vida. Fijar metas y esforzarse
por alcanzarlas promueve la creatividad y la inventiva. El deseo de
cambiar las cosas activa el progreso. Desear, *per se*, no es la
dificultad fundamental; es la perniciosa actitud de que es imposible
ser felices si no satisfacemos determinado deseo. Una vez tuve un
paciente que acababa de divorciarse. Estaba convencido de que
su felicidad dependía de estar enamorado, y se sentía desdichado
sin una relación. Su desdicha, desde luego, se manifestaba en forma
de incontables problemas no deseados. Empezó a padecer insomnio, lo cual lo volvió irritable y tenso. Cansado, dejó de jugar
racquetbol y tenis y se volvió todavía más tenso. Desesperado, se
dedicó a la comida y a la bebida, lo que le producía un hastío cada
vez mayor. No tardó en sufrir de úlceras y dolores de cabeza muy
fuertes. Irónicamente, al identificar la felicidad exclusivamente con
una relación, y no con algo dentro de sí mismo, socavó las oportunidades que tenía de conquistar una compañera apropiada.

Sufrimos hasta el punto de convertir nuestros deseos en el centro de nuestra felicidad. Cuando mi hijo Justin estaba próximo a cumplir dieciséis años, se le ocurrió que necesitaba un automóvil. De repente no tenía otra forma de ir al colegio, visitar a sus amigos, o inclusive existir. Dedicó todos sus ratos libres a satisfacer este deseo. Su primera adquisición, un montón de chatarra que le costó cuarenta dólares, le duró dos semanas. La noche en que el auto se volvió pedazos, salió a buscar otro. Este le duró cuatro días, hasta que chocó con un autobús escolar en una carretera llena de nieve. Durante el siguiente mes, mientras esperaba la liquidación del seguro, Justin lentamente se fue dando cuenta de que la vida podía seguir su curso. Un automóvil no era el árbitro final de su felicidad.

Infortunadamente, no todas las situaciones se presentan tan claras. En el matrimonio, por ejemplo, aferrarse a la idea de que no podemos ser felices si nuestra pareja no se comporta como el Príncipe Encantado o la Princesa Encantada, bloquea nuestra habilidad de apreciar sus buenas cualidades. Permanecemos atascados en el anhelo de algo que no podemos tener.

Posponer la felicidad hasta que se haya satisfecho alguna condición — un nuevo empleo, una nueva relación, una nueva posesión — lleva al sufrimiento. Al aferrarnos a nuestros deseos, nos enviamos un claro mensaje de que las cosas no están tan bien en este momento. A medida que la vida sigue su curso, el sentimiento de insatisfacción nos mantiene atados a nuestros deseos, impidiéndonos desistir y gozar el momento presente.

¿Recuerda su primer apartamento? ¡Qué felicidad! Por fin un lugar propio. Pero pronto empieza a encontrarle peros. Las habitaciones son *tan* pequeñas. Nunca hay suficiente agua caliente. Los vecinos de arriba practican sus pasos de samba a las dos de la mañana. En breve quiere mudarse. Consigue un apartamento más grande. Por fin se siente cómodo. Hasta que la pareja del apartamento del lado tiene un bebé y el ciclo vuelve a empezar. Los deseos son interminables. Siempre que un deseo anda disfrazado de la cosa que le impide a usted ser feliz, el resto de la vida ocupa un segundo plano. Su deseo se ha convertido en una prisión que le impide vivir.

Conseguir lo que usted no quiere

La otra clase de deseo que estudiamos en el capítulo 4 es el anhelo de evitar obtener algo que no deseamos. Mentalmente, cada uno de nosotros crea una caldera que hierve con las experiencias potencialmente dolorosas de la vida, y en vista de que cada ser es único en su género, los desastres imaginarios que brotan a la superficie son diferentes en cada caso. A determinada persona, el terror extremo puede producirle imaginar una viudez solitaria; el demonio de otra es la idea de perder un empleo. Llevadas al extremo, tales preocupaciones pueden paralizar totalmente a sus víctimas.

No hace mucho mi madre estaba recordando el secuestro del bebé de los Lindbergh ocurrido hace cerca de cincuenta años. Mi abuelo aparentemente no pudo dormir durante varias semanas, angustiado por la posibilidad de que secuestraran a mi hermano mayor, su primer nieto. Finalmente, instaló cerraduras en todas las ventanas de la casa de mis padres. En la mayoría de los casos, las proyecciones intimidantes del ego nunca se materializan, pero eso no frena nuestras aprensiones. El gran sabio que escribe aforismos de bolsitas de té acertó al afirmar: "La preocupación es el interés que se paga sobre una deuda antes del vencimiento de ésta".

Trampas mentales: Peligro doble

El ego trata de ponerle término a nuestro sufrimiento al explicar por qué sufrimos. Al dividir al mundo en bueno y malo, el ego naturalmente conecta los sucesos dolorosos con algo malo, y el primer lugar en donde busca es en el depósito de opiniones negativas que tardamos toda una vida en recopilar sobre nosotros mismos y sobre el mundo. En lugar de explorar la situación que enfrenta en ese momento, el ego agarra la solución que mejor conoce — la opinión infundada. El ego machaca estas creencias negativas hasta el punto de convertirlas en *trampas mentales*, las cuales constituyen un enrejado mental que nos impide tener una visión acertada de la vida. Sin claridad no tenemos consciencia, y sin consciencia no tenemos opciones. Acabamos sufriendo en lugar de encontrar la liberación.

La angustia es sólo parte del precio que pagamos por permitir que nuestros pensamientos se conviertan en trampas mentales. Algunas trampas, particularmente las que están relacionadas con las creencias personales negativas, la desilusión y la desesperación, aumentan nuestra vulnerabilidad física a las enfermedades.

Usted tal vez recuerde los efectos nocivos de la sensación de impotencia, descritos en el capítulo 1. Martin Seligman, psicólogo investigador de la Universidad de Pennsylvania, ha realizado numerosos experimentos que demuestran cómo la mayoría de los seres humanos, al verse constantemente involucrados en situaciones sobre las cuales creen no tener control alguno, se sienten invadidos de una sensación de impotencia que a menudo va más allá de cualquier hecho específico. Empiezan a creer que no tienen el poder de cambiar su mundo. Seligman y sus colaboradores descubrieron que si privaban a las personas de la capacidad de reducir el nivel de ruido en un laboratorio, cerca de dos terceras partes de ellas eran incapaces de ajustar una luz irritantemente brillante, a pesar de que tenían el poder de hacerlo. Se consideraban impotentes.

Seligman les prestó cuidadosa atención a los pensamientos de sus sujetos sobre experiencias desagradables, y encontró que su grupo estaba dividido en optimistas y pesimistas. Los individuos pesimistas se volvieron impotentes. Los conceptos pesimistas respecto a experiencias no deseadas contienen tres ingredientes clave (los cuales, como veremos más adelante, también caracterizan a las trampas mentales). Los pesimistas tienden a culparse a sí mismos de los acontecimientos adversos; a menudo caracterizan las circunstancias de esta índole como algo que dura indefinidamente; y con frecuencia llegan a la conclusión de que el desempeño deficiente o desagradable que tuvieron en determinada situación conducirá a fracasos en el futuro.

Un pesimista, en el caso hipotético de que su automóvil chocara con un bus escolar en un día nevado, podría hacerse estas reflexiones: "Soy un pésimo conductor. Nunca aprenderé a conducir en forma segura. Cada vez que ensayo algo nuevo, lo echo a perder".

El optimista, por su parte, podría echarles la culpa a las carreteras llenas de nieve, quizás al otro conductor o a la mala visibilidad. Si bien podría estar dispuesto a asumir la responsabilidad, jamás aceptaría ser el culpable. Tampoco consideraría al accidente como una indicación de que nunca aprenderá a conducir en forma segura.

("Sólo soy un principiante, y los principiantes deben tener de vez en cuando un guardabarros golpeado. Tendré que ser especialmente cuidadoso hasta que adquiera un poco más de práctica".) En ningún caso vería en el accidente un indicio de cómo será el resto de su experiencia.

Los sistemas filosóficos budistas e hindúes ofrecen instrumentos sorprendentemente bien desarrollados para observar la mente y escaparse de las actividades mentales que causan sufrimiento. Los *Yogasutras* de Patanjali, una antigua guía para la práctica espiritual, afirman en su frase inicial que "el yoga es el apaciguamiento de las modificaciones de la mente". Desde luego, estas modificaciones son las charlas interiores y las reiteradas declaraciones negativas que tanta energía nos quitan. El objeto de la meditación, tal como se enseñó originalmente en las tradiciones espirituales, era tomar consciencia de la mente de modo tal que pensar pudiera ser cuestión de elección y no de hábito.

El arte de apaciguar la mente, lo mismo que todas las artes, requiere tiempo y práctica. La información sobre las trampas mentales es suficiente para iniciar un mapa muy rudimentario de un territorio sumamente complicado. Relea las instrucciones sobre la meditación presentadas en el capítulo 2. Recuerde su papel de observador. La meditación es un microcosmos de cómo usar el conocimiento que uno tiene de las trampas mentales. En la meditación uno se acuerda durante pocos segundos de prestarle atención a la respiración, repetir el mántram e identificarse con el Yo interno o Testigo en vez de hacerlo con la mente. Luego, un pensamiento pertinaz pasa flotando y atrae su atención. Ni corto ni perezoso usted se lanza a la persecución quimérica de asociaciones hasta que finalmente se acuerda de estar consciente ("!Caramba! Aquí estoy — pensando de nuevo"), desiste de la persecución y regresa a la respiración. Discernir las trampas mentales es algo similar. Por lo general nos identificamos enteramente con el contenido de la mente. Luego nos acordamos de retroceder y desempeñar el papel de observador, preguntándonos si nuestros pensamientos se asemejan a alguna de las trampas mentales. Inevitablemente, la emoción del momento nos vuelve a arrastrar. No obstante, el continuo esfuerzo por observar, por acordarse del Testigo, dará fruto.

Familiarizarse con el modo tortuoso de obrar del *ego* proporciona el poder necesario para escucharse a sí mismo de manera diferente y para desenmascarar la *escenificación* que le sirve de fondo al drama de los eventos. El hecho de que uno reconozca el patrón de una trampa mental en su respuesta a una experiencia particular no le producirá alivio instantáneo. Las trampas mentales son resistentes precisamente porque las hemos estado practicando durante años, y para desmontarlas requiere concentración y un esfuerzo casi heroico. La toma de consciencia es el precio que pagamos por la felicidad, sin importar cuán doloroso sea. Solamente cuando uno pueda identificar las trampas que hace el ego, estará en condiciones de actuar sin restricciones y empezar a tomar decisiones basadas en los hechos.

Empecemos nuestro estudio de las trampas mentales con un incidente trivial, una riña doméstica que arruina el día. Escuche con atención los pensamientos de Judy y trate de clasificarlos en *opiniones* (creencias infundadas fabricadas en su mente) y *hechos*. Son las opiniones, más que los sucesos o las situaciones, las que causan sufrimiento.

Hoy es viernes; son las 7:30 de la mañana. Tanto Judy como John están apresurándose, para ir a trabajar. Hoy le toca a Judy preparar el desayuno. El día empezó mal porque se levantó con quince minutos de retardo. Rápidamente pone dos roscas de pan en la tostadora y se dirige al baño. Unos minutos después el olor de pan quemado interrumpe su aplicación del delineador. Corre precipitadamente a la cocina. ''Es demasiado tarde'', le dice John, poniendo las roscas humeantes bajo la llave del agua. ''Hasta ahí llegó el desayuno''. Judy le lanza una mirada venenosa.

— No se nos habrían agotado las roscas de pan si *alguien* hubiera hecho las compras.

— No necesitaríamos más roscas si tú te hubieras encargado de hacer arreglar la tostadora el martes, tal como dijiste que harías. Además, *alguien* estaba reparando tu automóvil, y gastó en eso todo su tiempo libre, por si no te acuerdas.

Judy le responde en tono mordaz que su auto funciona peor que nunca. John le dice que la próxima vez lo arregle ella misma. Ambos salen iracundos de la casa, y alimentan su rencor durante el resto del día.

Sigamos los pensamientos de Judy cuando su ego enfila la artillería pesada, las seis trampas mentales más comunes. Tenga presente que aunque estamos examinando las trampas en orden, la mente nunca es tan ordenada; los pensamientos saltan de una trampa a la otra, de acuerdo con la idiosincrasia de cada cual.

Trampa 1: Creencias personales negativas

Judy: "Soy *tan* atolondrada. Nunca logro planear las cosas para salir a tiempo. Las cosas siempre se derrumban a mi alrededor. Supongo que no debo esperar otra cosa. De todos modos soy una mala cocinera".

La parte esencial de esta trampa es la baja opinión autodesaprobatoria sin que exista evidencia alguna que la sustente. En efecto, Judy ocupa el cargo de vicepresidenta de un importante banco de Boston. Obviamente no ascendió la escala corporativa comportándose como una persona atolondrada. Ella empeora las situaciones adversas convenciéndose a sí misma de que jamás logrará salir de ese aprieto. De manera semejante a los sujetos de Seligman que se sienten impotentes, ella supone que la situación no cambiará nunca y será un estigma durante toda su vida. Sin embargo, la cocina de Judy — las ollas colgadas al alcance de la mano y los utensilios profesionales colocados en posición vertical en un bastidor magnético junto al mostrador — es el testimonio de su pulcritud y su organización. Contrariamente a su declaración interna, las cosas en su vida nunca "se derrumban". La mente de Judy ha tramado lo de "atolondrada", una creencia personal negativa que no concuerda ni remotamente con el concepto que tiene de ella la mayoría de la gente.

Cuando uno no puede justificar sus problemas, es fácil que dé por sentado que uno es un incapaz, y es fácil que "pesque" alguna deficiencia inventada. Hablarle en tono brusco a un niño y luego concluir: "Bueno, supongo que soy un pésimo padre" no contribuye a aclarar la situación. Tales declaraciones jamás preguntan *por qué* uno se comportó en esa forma o *cómo* se comportó. En cambio, giran alrededor de la maldad, de que uno no es lo suficientemente bueno. Simplemente dan por sentado que uno tiene la culpa, lo cual en nada se asemeja a *asumir la responsabilidad de comprender la situación.* La Trampa 1 descarta por completo el poder personal de uno y su libertad de elección.

La gente que cae en esta primera trampa mental con frecuencia hiere su amor propio con imágenes distorsionadas de su cuerpo. Steve Maurer, director asociado del Programa para la Mente y el Cuerpo, cuenta la historia de una amiga a quien consideraban la mujer más hermosa de su círculo social. Tenía una nariz distinguida, parecida a la de Sofía Loren. Un buen día apareció con vendajes, pues se había mandado enderezar la nariz. Toda la vida había pensado que su nariz era fea, opinión que estaba totalmente en desacuerdo con la realidad.

Llevado al extremo, considerar el cuerpo de un modo tan negativo puede conducir a la bulimia, a la anorexia e inclusive a la muerte. Aunque por lo general a las mujeres les atribuyen desórdenes en el comer, los hombres también presentan estos desórdenes, aun cuando los mantienen ocultos. Observe si no al demacrado corredor masculino. La mayor consciencia que hoy hay sobre la salud, infortunadamente despierta expectativas irreales sobre nuestro cuerpo. A diario aparecen nuevas dietas, o videocintas que enseñan extenuantes ejercicios, o clubes de la salud, que pregonan que todo el mundo puede tener una figura perfecta. Una colega mía regresó luego de dos semanas de vacaciones bastante agotada y flaca. Preocupada, le comenté su pérdida de peso. Me sorprendió que interpretara mis palabras como un cumplido. "Gracias, Joan. Después de todo, en nuestra sociedad nunca puede uno ser demasiado rico ni demasiado delgado".

No todos revelan esta trampa físicamente en forma tan dramática. Sin embargo, los pensamientos de sus víctimas van por el mismo carril — la convicción, en primer lugar, de que uno es malo y, en segundo, de que uno jamás será suficientemente bueno (suficientemente bueno para *qué* es una pregunta con un millar de respuestas individuales). Un ataque de la Trampa 1 puede erosionar totalmente el amor propio.

Trampa 2: Creencias sociales

Judy: "John no debiera haberme hablado en ese tono tan brusco. Cuando se quemaron las roscas de pan sentí ganas de meterme otra vez en la cama y empezar el día de nuevo. Debiera haberme brindado apoyo y amor. Marido y mujer deben apoyarse mutuamente. Yo creía que de eso se trataba el matrimonio. Pensándolo bien, nuestro matrimonio no marcha como debe ser".

Debieras es una palabra clave apoyada por la fuerza de la sociedad. Todos tenemos creencias sobre cuál debe ser el desarrollo de la vida. Todo el mundo se beneficia si accedemos a detener la marcha del automóvil cuando el semáforo está en rojo, a respetar los Diez Mandamientos y a prohibir el uso de armas para arreglar diferencias. Sin embargo, en las conversaciones diarias usamos *debieras* para expresar nuestro desagrado si no conseguimos lo que deseamos. Judy se dice a sí misma que no estaría sufriendo a causa de las roscas de pan si tuviera un marido dispuesto a apoyarla. Una persona puede ser feliz a pesar de haber quemado las roscas de pan, pero Judy se ha cerrado a esta posibilidad. *No seré feliz*, se dice a sí misma, *a menos que la vida satisfaga estas condiciones*.

Lanzarle a otra persona una descarga de *tú debieras* sólo ocasiona más sufrimiento. *Debieras* implica que uno es perfecto y que la otra persona tiene la culpa. Difícilmente podemos culpar a John de que su primera reacción sea defenderse, y lo más probable es que él lance un iracundo contraataque. *A menos que John se comporte como debe, es culpa de él que yo sea desdichada* (o así lo cree Judy).

En una variación de la Trampa 2 Judy, podría haberse enojado consigo misma: *Yo no debiera haber sido tan tonta de poner a tostar las roscas de pan y al mismo tiempo maquillarme.* Las palabras *debiera* y *debieras* sólo sirven para sumergirnos más profundamente en los sentimientos de insatisfacción con nosotros mismos, sentimientos que fácilmente se convierten en ira — tal como sucedió en el caso de John y Judy en la mañana del fiasco con las roscas de pan.

Trampa 3: Haciéndolo a mi manera

Judy: "Y no pregunte quién hace la mayor parte del trabajo en esta casa. John no tiene ni la más remota idea de todo lo que me esfuerzo por que este lugar funcione sin problemas. El se cree muy considerado si se ofrece para tostar el pan cada tercer día. Qué ayuda tan estupenda. De ahora en adelante, ese estúpido puede tostarse sus propias roscas''.

De todas las trampas que hemos examinado hasta el momento, la número 3 es la más vigorosa. La actitud impotente y derrotista de la primera trampa se va disipando en la Trampa 2, cuando la conversación mental de Judy adquiere un tono algo más iracundo. En la Trampa 3, Judy exagera su ira y sus reproches y los lanza contra John, demostrando así su independencia de la situación.

A la mayoría de nosotros, este modo de pensar nos lleva inevitablemente a apartarnos de los demás. Cuando uno se encuentra atrapado en la Trampa 3, está absolutamente convencido de que su posición es la correcta, y nada puede hacerlo cambiar de opinión. Tener la razón llega a ser más importante que cualquier otra cosa. Los adolescentes tienen con frecuencia esta perspectiva, que es una parte natural del proceso de crecimiento. El adolescente forja su propia identidad separándose de sus padres, algunas veces en forma rebelde. ''¡Es mi oreja y me pondré un gancho de nodriza si quiero!''

En un adulto, tal insistencia en tener la razón lo encadena a una visión muy estrecha de la vida y reduce sus opciones a cero. Se siente seguro, pero con opciones limitadas. Cuando Justin y yo discutimos la posibilidad de que su tía comprara un automóvil, podríamos haber concluido la conversación en un lenguaje propio de la Trampa 3, cada cual escudándose en la convicción de que tenía la razón. La comunicación se habría roto, lo mismo que la consciencia y la posibilidad de elección. Los matrimonios se tornan áridos y se acaban cuando la pareja adquiere el hábito de tener demasiadas conversaciones dentro de esta trampa. Depender de la ira y de los reproches para crear una sensación de independencia no sólo impide las relaciones; también puede llevar a la desviación hacia la conducta antisocial que expresa desprecio por las reglas de la sociedad o, si se va más lejos, desprecio por las leyes de la sociedad, o a la criminalidad.

En el caso de Justin y yo, pudimos ceder porque yo identifiqué la trampa, asumí la responsabilidad de mi comportamiento y usé la acción recíproca como medio de estimular la consciencia de ambos. Ninguno de los dos tenía que estar equivocado.

Trampa 4: La racionalización

Judy: "John debe de estar muy cansado esta mañana. Por eso me habló en un tono tan brusco. Apuesto a que durmió intranquilo toda la noche por causa de ese codo de tenista. Debe de ser eso. Yo sé que cuando no duermo bien, suelo estallar por cosas insignificantes. Probablemente se disculpará esta noche".

La racionalización, la Trampa 4, es el proceso de hallar una explicación de los hechos que nos satisfaga intelectualmente porque parece ajustarse a nuestras percepciones. En realidad, con frecuencia inventamos sentimientos e inclusive identidades completas para otras personas. Qué sorpresa cuando se comportan como ellos mismos y no se ajustan a las fantasías que sobre ellos hemos creado. Judy no tiene ninguna prueba confiable de que John no hubiera dormido bien o de que se sintiera incómodo por su codo de tenista. No obstante, tuvieron un altercado esta mañana y Judy siente la necesidad de encontrar una explicación creíble del porqué.

Lo mismo que todas las trampas, la racionalización no se basa en una experiencia real. Los fragmentos de información que la estructuran con frecuencia son proyecciones de nuestros propios pensamientos. Les atribuimos a otros nuestro propio modo de sentir y actuar. Como no hay dos personas que piensen exactamente igual, esta estrategia tiene que fallar. Siempre podemos intuir cuando estamos racionalizando. Si Judy creía su propia explicación, podía olvidarse de la disputa a causa de las roscas de pan. Pero como ella instintivamente reconoce que el codo de tenista de John no es el verdadero problema, sigue sintiéndose mal. Siempre que uno idee una solución que le *parezca* cuerda, pero la cabeza y el corazón no puedan ponerse de acuerdo al respecto, se encuentra en la Trampa 4.

Trampa 5: La desilusión

Judy sale del banco de prisa para llegar temprano a casa; luego se acuerda de que John estará en una reunión en su oficina hasta las siete y treinta. Prepara un martini, se acomoda en un sillón y toma la cajetilla de cigarrillos que había comprado de camino a casa. Había dejado de fumar hacía tres años, pero no hay nada mejor que fumarse un cigarrillo y tomarse un trago cuando uno tiene melancolía.

Judy: "Más vale que yo afronte la realidad. Las cosas jamás cambiarán entre nosotros. Si no podemos llevarnos bien luego de siete años de matrimonio, ¿cómo podemos siquiera pensar en tener hijos? Quizás no estoy hecha para el matrimonio. Tal vez debiera pedir el divorcio".

Uno sufre una desilusión cuando las otras trampas simplemente no son capaces de cumplir su cometido. Lo intentamos, ¿no es cierto? Hicimos lo posible, pero simplemente no fue suficiente. Si las demás trampas no nos satisfacen, buscamos alguna escapatoria temporal — un trago, un cigarrillo, una taza de café — cualquier cosa para tener el fracaso a raya.

Judy se toma su martini a pequeños sorbos, rememorando su matrimonio, sus encuentros con otros hombres, hilvanando un cuadro de incompetencia para justificar su sensación de haber dañado su relación con John. Observen cómo descarga su desilusión en las indefensas opiniones negativas de sí misma de la Trampa 1: "Simplemente no estoy hecha para el matrimonio" (en otras palabras, no sirve para el matrimonio).

Entregándose a la autocompasión y a los autorreproches, Judy *cree* saber por qué se encuentra atascada en su situación actual — ella no es lo suficientemente buena, o John no es lo suficientemente bueno, o cualquiera de las otras razones que hemos explorado en las trampas anteriores —, pero su razonamiento no está basado en la realidad. El hecho de creer que ella sabe la respuesta, cuando no es así, la coloca en una posición muy peligrosa, porque le cierra la puerta a una indagación más a fondo que podría revelar otras posibilidades más realistas.

Trampa 6: La desesperación

Judy: "John me está ultrajando — ésa es la triste historia de mi vida. Sólo denme una buena situación y les garantizo que la echaré a perder. Probablemente me despedirán por haber enredado hoy en el banco esa cuenta tan importante. Me duele la espalda y tengo un terrible dolor de cabeza. Prácticamente lo único que ahora me ayudaría sería otro trago".

El alcoholismo, la drogadicción y un gran número de otras conductas autodestructivas, incluyendo el suicidio, son respuestas comunes a la desesperación. Paradójicamente, una desdicha muy intensa puede ser la motivación que necesitamos para reexaminar las cosas. Las mitologías de todas las culturas incluyen el relato de un héroe que solamente triunfa ante una derrota extrema o un encuentro cercano con la muerte. En la cultura occidental tenemos al fénix, que surge de sus propias cenizas, y el mito de Edipo. Por lo general, el relato de Edipo se presenta en su forma truncada, que concluye cuando el héroe se autoinflige la ceguera. En otras versiones, los sufrimientos de Edipo le enseñan a tener compasión, lo que le permite recuperar su trono primero y elevarse luego al panteón de los dioses. En la versión más larga, Edipo es un arquetipo de la crucifixión y de la resurrección, y no el siervo atormentado cuyo sino es impredecible. La palabra china para *crisis* combina los caracteres de *peligro* y *oportunidad*. No hay sociedad que no tenga este patrón profundamente grabado en su consciencia.

Judy no ha alcanzado todavía este punto de extrema desilusión. Tal vez decida dormir una siesta en lugar de tomarse un trago. Con dormir no soluciona su problema, pero un poco de paz lejos de su cadena destructiva de pensamientos posiblemente sea la mejor solución temporal. Las siestas, al igual que la meditación, le permiten desistir de pensamientos obsesivos. Se despierta sintiéndose renovada; tiene nuevamente algo de perspectiva. En la siguiente parte de este capítulo echaremos una mirada a algunos de los caminos que ella puede seguir para ensanchar su consciencia y evitar caer en trampas mentales.

Los tres niveles del entendimiento

Nivel 1: La mente del principiante

Judy: "¡Uf!, ¡qué día tan terrible! No sé cómo se inician estas riñas o por qué me altero tanto. Cualquiera pensaría que tengo más respuestas, pero creo que no las tengo. Todo lo que sé es que peleamos cada vez más. Realmente no comprendo por qué. ¿Qué diablos está pasando?"

El entendimiento comienza con una admisión de nuestra ignorancia. Una historia Zen acerca de un profesor universitario trata este aspecto directamente. Al profesor le produce curiosidad la reputación de un viejo monje, respetado por su sabiduría, y decide visitarlo. El monje lo recibe en el templo, lo invita a seguir y lo instala en un cómodo cojín.

"¿Le gusta el té?", le pregunta el monje, ofreciéndole una taza al profesor. El profesor asiente con un movimiento de cabeza, sosteniendo la taza mientras el monje vierte en ella un delgado chorro de té de una pesada tetera de hierro. El líquido sube rápidamente en la taza hasta llegar a unos tres centímetros de distancia del borde y el profesor alza la mirada. El monje continúa sirviendo. El té llega al borde y se derrama, pero el monje sigue sirviendo.

El profesor se levanta de un salto, dejando caer la taza. "¿Qué está haciendo?"

El monje se detiene, levanta la taza, la llena y luego se la ofrece al profesor. "Esta taza de té es como su mente. Usted no puede oír nada nuevo porque ya está llena".

Mientras estemos convencidos de que conocemos la causa de nuestro sufrimiento, pese a la evidencia que indica lo contrario, estamos como el profesor. Si no desistimos de las viejas explicaciones, no podemos abrirnos a otras posibilidades. Judy da su primer paso hacia el entendimiento cuando reconoce la futilidad de sus supuestas soluciones. Admitir con toda sinceridad que uno no sabe cómo se produjo un altercado desagradable, ayuda a eliminar las explicaciones trilladas, las opiniones negativas y los reproches, y hace que uno sea más receptivo a las posibilidades inexploradas.

Suzuki Roshi, el gran maestro del Zen, lo resumió así: "En la mente del principiante hay posibilidades infinitas; en la del experto hay pocas". Exhortó a sus estudiantes a fomentar la flexibilidad que trajeron a la meditación como principiantes, la sinceridad que sólo se puede tener si uno reconoce que no sabe lo que está haciendo. Si uno quiere poner término al sufrimiento, debe enfocar el problema con una taza de té vacía, con la mente de un principiante.

Nivel 2: Asumir la responsabilidad

Judy: "¿Será que algo en *mi* conducta hizo que John me hablara con ese tono tan brusco? Ultimamente he notado que cuando se enoja me siento realmente mal".

Sin recurrir a los reproches, Judy acepta que su propio comportamiento podría estar contribuyendo a sus dificultades matrimoniales. Ella advierte que hay un patrón — una conexión entre el enojo de John y las dudas acerca de sí misma. Un progreso así sólo es posible después de desechar todas las opiniones previamente albergadas. Un patrón obvio tan sólo se revela cuando la mente está lo suficientemente despejada como para percibirlo. Aceptar la responsabilidad de la conducta es lo contrario de hacerse reproches; implica tener fe en la capacidad de cambiar, de superar los pensamientos negativos de las trampas mentales.

Asimismo, cuando Judy reflexiona sobre su comportamiento, en lugar de hacerse reproches, reduce automáticamente los riesgos emocionales de la disputa. Puede discutir sus observaciones con John y obtener la ayuda de éste para explorar su recién adquirido discernimiento. Ellos están todavía lejos de entender, pero están tomando consciencia, tratando de cambiar el papel de víctimas por el de observadores. Judy y John deciden que si no pueden mantener su nueva perspectiva — tratando de estar más conscientes de sus pensamientos y de hablar de ellos abiertamente — ensayarán la terapia de pareja. Quizás su discernimiento más importante no se limita a sus dificultades actuales; es decir, ellos no tienen que seguir observando el mismo patrón sin sentido; ellos pueden cambiar.

Nivel 3: La sabiduría

El entendimiento es progresivo. Tenemos que trabajar en ello. Nadie puede deshacer los hábitos de toda una vida sin luchar con ellos una y otra vez. He presentado el modelo del entendimiento en tres niveles, a fin de que usted se pueda orientar, y porque cada etapa del entendimiento se basa en la anterior. Desenmarañar cualquier altercado, ya sea con nosotros mismos o con otros, requiere, en primer término, un sentido de perspectiva. Por esta razón, y hablando en términos psicológicos, a usted se le pide que despeje su compartimiento de opiniones en el Nivel 1. La siguiente etapa lo prepara para un nuevo discernimiento. Hacerse responsable de sus acciones es otra forma de expresar su compromiso con el cambio. El nivel 3 representa, entonces, el discernimiento que surge de una perspectiva serena y libre de reproches. Naturalmente, cada situación tiene su propia enseñanza. La sabiduría, a diferencia de la racionalización, siempre se percibe como un alivio. Tan pronto como usted entienda que su objetivo es cambiar, en lugar de acusar, su mente acudirá en su ayuda.

Al dar los pasos delineados en los primeros dos niveles, Judy analiza su situación desde una nueva perspectiva, y no permite que su historia previa contamine sus observaciones. Observe la diferencia entre su actual modo de pensar y sus interpretaciones anteriores basadas en trampas mentales. Finalmente, Judy tiene la oportunidad de resolver sus problemas.

"John se enoja cuando empiezo a echarle la culpa de mis problemas. Como me levanté tarde, no disponía de tiempo suficiente para vestirme, preparar el desayuno y además alcanzar a tomar el tren a tiempo. Yo quería que John me ayudara a preparar el desayuno — sin necesidad de pedírselo. Como eso no sucedió, le volví a echar mi vieja cantinela de que él no me apoyaba, de que nadie me quería. Quemar las roscas empeoró las cosas. Luego comencé a hostigarlo para que se apurara, intercalando unos cuantos comentarios sobre la cantidad de trabajo que tenía que hacer en la mañana, sólo para lograr que él se sintiera culpable. ¡Qué lío armé! No es de extrañar que me hablara en ese tono. ¡Claro que tiene que salirse de sus casillas cuando hago todo lo posible por lograr que se sienta mal! Creo que me acostumbré a hacerle eso. Tengo que aprender a pedir ayuda — a no andar con rodeos. No puedo esperar que John adivine mis pensamientos".

🌐 *Sugerencias para el lector*

¡¡¡ADVERTENCIA!!!

El desastre más común al aplicar este sistema es pensar que uno puede adivinar las verdaderas intenciones de otra persona. *No analice las trampas de otros.* Si lo hace, lo más seguro es que caiga en la Trampa 3 y genere una gran cantidad de disgusto. Por lo general, los intentos de analizar a otros fracasan porque no disponemos de suficiente información. Fácilmente podemos quedar atascados en opiniones y proyecciones — creyendo que los procesos mentales de otras personas son iguales a los nuestros. Típicamente, no lo son. *Uno sólo puede ser responsable de su propio proceso.*

En el curso de la próxima semana, elija tres incidentes específicos como los de Judy. Anote los pensamientos que usted tenga en relación con los incidentes y reflexione sobre ellos. Identifique sus propias trampas. No olvide que puede caer en cualquiera de las trampas, en cualquier orden. No trate de ordenar sus pensamientos de acuerdo con las trampas. Simplemente enumere los pensamientos a medida que se presenten, teniendo cuidado de distinguir entre la conversación literal que usted tiene consigo mismo y su agenda oculta, la causa principal de su sufrimiento. Aunque al comienzo pueda parecerle doloroso, el verdadero dolor está en no tomar consciencia. Sólo la consciencia le puede proporcionar el campo de opción necesario para lograr la libertad.

Cuando a lo largo del día esté aplicando el ejercicio a sus pensamientos, es posible que su mente regrese una y otra vez a determinadas trampas predilectas. Ya mencioné que una de mis trampas favoritas es la 3, haciéndolo a mi modo. La necesidad de tener la razón me crea una gran cantidad de problemas. En este punto, unas cuantas afirmaciones positivas pueden ser útiles para ayudarle a desistir. Cuando me doy cuenta de que he caído en la Trampa 3, siempre me pregunto: "¿Prefiero tener la razón o prefiero ser feliz?" La pregunta mantiene enfocada mi consciencia y reduce la influencia condicionada de mi mente. He proporcionado una lista de diversas preguntas y afirmaciones de este tipo que le podrán servir de arma contra cada una de las trampas, pero usted debe desarrollar sus propias afirmaciones. Estas son antídotos contra los patrones de pensar insensatos, y cuanto mayor sea el significado que le atribuya a tales afirmaciones, tanto mayor será el poder de ellas para restablecer su equilibrio.

- No sé. (Use esta frase cuando se dé cuenta de que está girando entre las trampas sin propósito alguno.)
- ¿Prefiero tener la razón, o prefiero ser feliz?
- ¿Realmente vale la pena pensar-sentir-actuar de esta manera?
- ¿Qué puedo hacer para que esta situación sea creativa?
- ¡Suelte ese plátano!

- Podría escoger la paz en lugar de esto. (También de Jampolsky.)
- Que se haga tu voluntad, no la mía.
- ¿Cómo enfocaría X (Jesús, Buda o cualquier maestro o ejemplo que le sirva de guía) este problema?

El paso que Judy da hacia la consciencia y el entendimiento es sólo eso — un primer paso. Ni yo ni ningún otro terapeuta tiene una panacea mágica para el sufrimiento. Las trampas mentales, los niveles de consciencia — son simplemente una posible estructura, de las centenas de opciones potenciales, para ayudar a estimular la consciencia. Los antiguos modos de pensar tienen una fuerza increíble. Los seres humanos aprenden por asociación y repetición, y les parece difícil descargar las viejas creencias y los acostumbrados patrones de reacción cuyo voltaje ha sido acumulado durante toda una vida. Los antiguos patrones son como los lechos de los ríos. Uno puede construir un dique, cambiar el curso del río y encauzarlo en otra dirección, pero un aguacero demasiado fuerte puede destruir con facilidad el dique, dejando que el río regrese rápidamente a su antiguo curso.

Inicie su análisis de las trampas mentales con los pequeños contratiempos que se le presentan en la vida. Practicando con ellos, podrá aumentar su fortaleza gradualmente para oponer resistencia a la influencia condicionada de dilemas mayores.

6

El replanteamiento y la imaginación creativa

El marco de referencia a través del cual contemplamos el mundo es el que a menudo les da significado a las cosas. El mismo conjunto de hechos puede parecer muy distinto desde el punto de vista de otra persona. Cuando llegó a la Clínica para la Mente y el Cuerpo, Rhoda, una ingeniera de *software*, que tenía treinta y dos años, acababa de cambiar de empleo por cuarta vez en tres años. Según ella, la razón de sus frecuentes cambios era siempre que alguno o algunos de los supervisores odiaban a las mujeres e intencionalmente les hacían la vida difícil. Sin embargo, el problema de Rhoda no eran tanto los hombres como los ''lentes'' a través de los cuales veía al mundo.

La causa del problema de Rhoda radicaba en su educación. El padre de Rhoda, quien había muerto cuando ella tenía catorce años, provenía de una familia de cinco hermanos, en la que se veneraba a los varones. Pero el destino lo golpeó, y el padre de Rhoda tuvo tres hijas. Su desilusión aumentaba con cada niña que nacía. Este infortunado hombre rechazaba por completo a sus hijas. Cuando niña, Rhoda muchas veces deseó que su padre muriera. Cuando éste murió, ella, lo mismo que la mayoría de los niños, se sintió responsable de esa muerte. Cada vez que pensaba en él, revivía sus sentimientos de rabia y frustración asociados con sus sentimientos de culpa. Al superponer este marco de referencia negativo a todos los hombres, Rhoda era incapaz de relacionarse con ellos, ni en el colegio ni en el trabajo.

Cuando Rhoda llegó por vez primera a la clínica, fue incapaz de admitir que su problema radicaba en su propia percepción. Ella se consideraba una feminista liberada que veía a los hombres tal como eran. Eso no era cierto. Lo que Rhoda necesitaba, a fin de recuperarse, era replantear su situación.

Ejercicio de replanteamiento

Busque lápiz y papel y dedíquele un momento a la solución de este rompecabezas.

Se denomina rompecabezas de nueve puntos. He aquí las reglas:

1. Conecte los nueve puntos usando cuatro líneas rectas continuas; no se permiten curvas.

2. El lápiz debe permanecer en el papel. En otras palabras, no puede levantarlo y hacer líneas discontinuas.

Inténtelo durante unos minutos antes de seguir leyendo.

Si no ha podido encontrar la solución, está en buena compañía. He aquí una pequeña pista: *No se deje encajonar por los puntos.* Echele un vistazo a la forma que sugieren sus tentativas de solución. Un cuadrado, ¿no es cierto? Ese es exactamente el marco de referencia que le impide ver la solución.

🔆 *Inténtelo de nuevo durante unos minutos antes de seguir leyendo.*

Si encontró la solución, ¡felicitaciones! Si no la encontró, véala a continuación. En realidad, son pocas las personas que solucionan este rompecabezas, ni siquiera después de tener la pista. Para solucionar el problema, es necesario ir más lejos de la limitación imaginaria del cuadrado.

La solución es posible sólo cuando se identifica y se supera el marco de referencia erróneo. De manera semejante, Rhoda sólo pudo mejorar cuando identificó su propio marco de referencia y se responsabilizó de él.

Richard Bandler y John Grinder, fundadores de la Programación Neurolingüística (PNL), poderoso método científico que le ayuda a la gente a replantear significados, relatan la historia de una mujer que estaba enloqueciendo a su familia con su excesiva pulcritud. Esta mujer aspiraba constantemente la alfombra y se alteraba sobremanera si alguien caminaba sobre ella. Bandler y Grinder comenzaron por ponerla en un estado relajado — es decir, indujeron la respuesta de relajación — en la que las conexiones mentales serían más flexibles y podrían hacerse nuevas asociaciones. Luego hicieron que ella imaginara cómo sería la casa si no hubiera nadie que ensuciara la alfombra. Sin un esposo para amar, y sin niños para alegrarla. Sólo una alfombra limpia. Empezó a asociar una alfombra perfecta con una sensación de soledad, y así nació un nuevo marco de referencia. Tan pronto como empezó a ver la situación desde este ángulo, ¡sintió alegría al imaginar que sus seres queridos regresaban a la casa y caminaban sobre su preciosa alfombra!

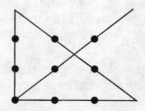

El replanteamiento en la vida diaria

Todos hemos practicado el replanteamiento muchas veces, probablemente sin estar conscientes de ello. Recuerdo que una vez, cuando era estudiante de bachillerato, cuidé a un niño de seis años llamado Mark. Antes de salir, su madre me dijo en tono de disculpa que Mark no se portaba muy bien con las personas que lo cuidaban y frecuentemente se negaba a acostarse. Su consejo era que lo dejara jugar en su cuarto hasta que se quedara dormido en el piso.

Media hora después de la partida de los padres, le dije a Mark que se fuera a dormir. A duras penas levantó los ojos del rompecabezas que estaba armando y me dijo en tono enojado:

— Eres una estúpida, y te odio. No me acostaré y no puedes obligarme.

Su hostilidad me dejó atónita, pero en lugar de reaccionar emocionalmente, usé la táctica que mi hermano Alan usaba conmigo cuando era niña y me negaba a acostarme. Un insulto parecía lo mejor.

— Pareces bastante lento — le dije —. Apuesto a que eres el niño más lento de tu clase de gimnasia.

Esto atrajo la atención de Mark, y levantó la mirada. Ahora sí que estaba iracundo.

— No, no lo soy — gritó.

— Sí lo eres — le dije calmadamente.

— No, no lo soy — bramó.

— Ah ¿sí? — le contesté —. "Demuéstramelo. Apuesto a que ni siquiera puedes ponerte la piyama antes de que cuente treinta.

Se fue como un relámpago. Regresó con una sonrisa burlona en la cara cuando llegué a veintiocho. No me dejé impresionar. Le dije:

— No está mal, pero estoy segura de que no puedes lavarte las manos y la cara antes de que cuente hasta sesenta.

Salió disparado, y regresó resplandeciente de limpieza y triunfante a los cuarenta y siete segundos. Me estaba ablandando. Le dije:

— No está nada mal. Eres más rápido de lo que pensaba. Si puedes doblar tu ropa y saltar a la cama antes de que cuente cuarenta, te leeré un cuento.

Después de ese episodio, Mark y yo fuimos buenos amigos. Mi pequeño juego consistía en replantear una situación, aunque en ese entonces no me daba cuenta de ello. Logré captar la total atención de Mark, enfrentándome a él en su marco de referencia pendenciero y desafiando su destreza atlética. El primer paso en el replanteamiento es aceptar y entender el punto de vista de la otra persona — o el nuestro. Cuando cambié el marco de referencia de Mark hacia acostarse, valiéndome de su energía, ¡le permití oponerme resistencia durante todo el camino hacia la cama! Usar la energía que está inmovilizada por la resistencia, pero canalizándola en una nueva dirección, es el equivalente mental de las artes marciales, en las que sutiles cambios en el equilibrio permiten usar la energía del adversario en provecho nuestro. En el replanteamiento, el contrincante con frecuencia es su propia inclinación mental.

Barreras para el replanteamiento

El primer paso en el replanteamiento es darse uno cuenta de que está atascado en un marco de referencia improductivo. Esta es la clave. Algunas formas de atascamiento son muy sutiles y consisten en aferrarse a opiniones que impiden una perspectiva más amplia que podría ser útil. ¿Recuerda usted la opinión de nuestro colega que descartó la acupuntura encajándola en un marco de referencia que en su propia mente calificó de "hipnosis y otras locuras"? Otras inclinaciones mentales son más evidentes, como el problema de Rhoda o el problema relacionado con la limpieza obsesiva en la historia de Bandler y Grinder. La enfermedad misma puede ser una trampa engañosa, no sólo porque fomenta la sensación de impotencia y la autocompasión, las cuales menoscaban el poder creativo, sino también porque puede convertirse en una forma inconsciente de lograr que se satisfagan necesidades importantes — los beneficios secundarios que mencioné anteriormente.

Las jaquecas que experimenté eran un gran ejemplo de beneficios secundarios. Es difícil creer que una vida de dolor e incertidumbre constantes pudiera haber tenido un beneficio oculto al cual valiera la pena aferrarse; pero esto puede ser parte de la historia de cualquier enfermedad constante. Mi vida constituía una lucha implacable porque yo quería ser perfecta. Quería ser la mejor de mi curso en el colegio; necesitaba ser popular. Me sentía muy vacía si continuamente no me reconocían mis logros. Constantemente estaba buscado algo en que pudiera sobresalir. Desde luego, carecía de talento para muchas cosas, pero me limitaba a rendir todo lo posible en lo que me proponía aprender. Este es un patrón de una manifiesta tendencia ascendente — lleva a grandes logros — y una manifiesta tendencia descendente — conduce al estrés y a la angustia ante el temor de posibles fracasos. La imagen que tenía de mí misma dependía totalmente de ser perfecta. ¡Qué trampa! Era evidente que necesitaba un escape. Las jaquecas me proporcionaban lo que necesitaba.

En cierta ocasión, siendo estudiante de bachillerato, llegué a casa y me encerré en mi alcoba. Todo estaba sucediendo a la vez. El profesor de francés se había ausentado durante una semana y me había dejado a cargo de su clase. La pieza teatral del colegio, en la que yo interpretaba uno de los papeles principales, hacía parte del festival dramático del Estado. Además, yo había ganado en la división de física de la feria científica del colegio, y tenía que competir en las finales del Estado. Y, para colmo de males, estaba peleando con mi novio.

Mi respuesta a esta presión fue echarles la culpa a todos los demás. A pesar de que mi difícil situación era evidente, no me daba cuenta de que yo misma la había creado. Así que mi única salida, para descansar y hacerles saber a los demás cuánto me habían presionado, fue tener dolor de cabeza. Tuve una tremenda jaqueca que me duró cuatro días. Es evidente que no podía haber continuado con la vida que llevaba, sin contar con una válvula de escape — la enfermedad — para descargar la tensión. Sin ella habría explotado. Antes de que me fuera posible desistir de los dolores de cabeza, tenía que darme cuenta de que necesitaba tiempo y campo para mí misma, y que mi sentido de autoestima no dependía de lo que yo pudiera producir. La meditación se convirtió en la válvula de escape que reemplazó a los dolores de cabeza, e igualmente en el instrumento para entender cómo me había dejado acorralar en un marco de referencia tan absurdo.

Mi propia experiencia me ayuda a reconocer conductas similares en nuestros pacientes. Hace algunos años, un joven llamado Bruce se unió al Grupo para la Mente y el Cuerpo. En nuestra entrevista inicial se quejó de que padecía un dolor crónico. Este problema lo obligaba a seguir viviendo en la casa de sus padres, a ocupar un cargo muy inferior a sus capacidades, y le impedía tener novia. Me contó que estaba desesperado y que haría cualquier cosa por aliviar su dolor. Bruce era una de esas personas afortunadas que tenía facilidad natural para la meditación. Al cabo de unas semanas podía concentrarse bastante bien. Pronto aprendió a respirar cuando tenía el dolor y a liberarse así de los espasmos que lo empeoraban. A la séptima semana llegó al Grupo para la Mente y el Cuerpo con un aspecto espantoso. Cuando uno de los miembros del grupo le preguntó si tenía dolor, se deshizo en lágrimas y dijo: "Ese es precisamente el problema. En las últimas dos semanas casi no he sentido dolor. Ahora no sé qué hacer conmigo. Tengo veintisiete años y nunca he salido de la casa de mis padres. No sé cómo relacionarme con las mujeres. A lo mejor debiera volver al colegio, pero tengo mucho miedo. No sé vivir de otra manera. Creo que quiero que regrese el dolor".

El grupo se quedó pasmado. Bruce se había curado del dolor físico, pero ahora tenía que hacerle frente al dolor mental, la inseguridad, que su dolor físico había encubierto. Fue necesario recurrir a la psicoterapia para que Bruce entendiera el condicionamiento mental que era la razón fundamental de su temor, y sólo así pudo deshacerse del dolor en forma consciente. La pena y la tristeza que se ocultaban detrás del dolor se habían originado en el hecho de que su padre lo había abandonado a los cinco años, y, más tarde, en la sensación de haber sido rechazado por su madre cuando ella se casó con un hombre frío y distante, cuando él tenía ocho años. Bruce había sepultado su ira en un lugar tan recóndito de su ser que ésta literalmente lo estaba carcomiento interiormente.

La historia de Bruce es valiosa porque ilustra la importancia de reflexionar seriamente sobre los beneficios que se pueden obtener de una enfermedad física crónica. ¿Proporciona atención, seguridad o un pretexto para no progresar? ¿Está encubriendo sentimientos? Estas cosas constituyen poderosos ardides inconscientes. Si usted quiere deshacerse de su enfermedad, es indispensable que hable de ella con su familia, porque su patrón está entrelazado con el de ellos. En ocasiones, otros miembros de la familia necesitan inconscientemente que usted permanezca enfermo. Es posible que el hecho de cuidarlo a usted halague el amor propio de ellos. O tal vez la circunstancia de que usted esté necesitado les permite adoptar una posición de autoridad. Con frecuencia la terapia familiar ayuda enormemente a identificar patrones improductivos que atrapan a todos los miembros de la familia en sus redes y que imposibilitan renunciar a la enfermedad.

No olvide que tan pronto como uno de los miembros del núcleo familiar cambie, toda la familia cambiará. Puede que usted esté listo para el desarrollo, pero su cambio de energía podría tomar a otros por sorpresa. Si usted está preparado para ello, podrá entenderlo más fácilmente. El proceso de desaferrarse de una enfermedad crónica casi siempre le revelará marcos de referencia anticuados difíciles de abandonar por estar familiarizado con ellos. René Magritte, el maravilloso artista belga, pintó cuadros de la mente humana. En uno de ellos, una figura masculina se halla sentada cerca de la playa. En lugar de pecho hay una jaula de pájaros con la puerta abierta. Dentro de la jaula hay un pájaro. Otro posa al pie de la puerta. Ninguno de los dos quiere arriesgarse a abandonar la seguridad de la jaula y lograr así la libertad. Tal es el poder de los viejos marcos de referencia. Se requiere un tremendo coraje para dejarlos.

El arte de replantear

Como todas las técnicas, el replanteamiento se puede emplear para que nos lleve a nuevas interpretaciones o para que nos engañe y agrave nuestros problemas al reforzar interpretaciones anticuadas. Yo tenía una amiga que cuando le decían que estaba equivocada, replanteaba cualquier situación. Aseguraba que *los demás* eran envidiosos o la interpretaban mal — nunca aceptaba haberse equivocado. Usaba el replanteamiento para quedarse estancada en lugar de progresar. Bien empleado, el replanteamiento estimula la mente, y despeja el camino para que nos desaferremos del viejo condicionamiento y despertemos. A continuación presentamos distintas formas de usar el replanteamiento que pueden conducir al desarrollo si la mente se mantiene receptiva.

Humor

El humor es la respuesta natural a un repentino cambio de estado de ánimo. Recuerde la vieja adivinanza de la infancia: ¿Qué es todo negro y blanco y rojo? La mente busca en el cuadrado de color de nueve puntos. La solución no está ahí, por supuesto. La respuesta, un periódico, es un elemento de un conjunto totalmente distinto. El cambio súbito obliga a la mente a aflojar su aferramiento a la "realidad" y a abrirse a una nueva interpretación. El resultado fisiológico es una exquisita sinfonía de sentimientos agradables.

Mi hijo Justin es un empedernido replanteador — del tipo que hace juegos de palabras y bromea todo el tiempo. Una vez, cuando tenía apenas tres años, nos hallábamos en casa de mis padres. Las sirenas de carros de bomberos y de ambulancias interrumpieron el silencio de la noche y llenaron a mi madre de premoniciones desastrosas que compartió con todos los demás. Justin bromeó: "Abuelita, no te preocupes, es tan sólo Sirena y Garfunkel".* La consiguiente risa nos sacó de nuestra disposición de ánimo y cambió el marco de referencia de mi madre. Siempre que oigo una sirena recuerdo ese momento.

Steve Maurer también me enseñó un chiste que jamás olvidaré. No sólo constituye un magnífico ejemplo de replanteamiento, sino que vale la pena recordar el replanteamiento mismo. Tiene que ver con dos grandes seres, Jesús y Moisés, quienes se encontraban jugando una partida de golf. Jesús coloca la bola para un largo par 4, de 420 yardas. Inspecciona su maletín de golf y elige un hierro tres. Moisés mueve la cabeza en señal de duda, y dice:

— Jesús, es un hoyo largo. Nunca lo lograrás con un hierro tres; mejor usa un *driver*.

Jesús sonríe y responde:

— Arnold Palmer lo hace.

En seguida le da a la pelota un golpe resonante, y ésta cae directamente en medio de un lago. Moisés, indulgente, se ofrece a recuperar la pelota y a darle a su amigo otra oportunidad. Se dirige pausadamente al lago y, con gran aplomo, parte las aguas y saca la pelota. Jesús la coloca de nuevo, y de nuevo toma el hierro tres.

Moisés se lamenta:

— Jesús, tú ya ensayaste ese hierro. Créeme, el hoyo es demasiado largo. Aquí tienes un *driver*.

---

* El niño pronuncia así por error el nombre de un famoso dúo de cantantes [*N. del Ed.*].

Jesús mueve la cabeza con paciencia y se acerca a la pelota.

— Arnold Palmer lo hace — dice. Luego golpea hábilmente la pelota, y ésta sale volando muy alto y a corta distancia, y aterriza una vez más en el mismo lago. Esta vez le hace señales a Moisés para que se quede donde está y sale a recuperar él mismo la pelota. Se acerca al lago, camina sobre las aguas y saca la pelota. Entretanto, el siguiente grupo de cuatro golfistas los ha alcanzado y está mirando el espectáculo con gran asombro.

— Quién se cree que es — dice uno de los hombres —, ¿Jesucristo? — No — dice Moisés con gran tristeza —. Infortunadamente se cree Arnold Palmer.

El replanteamiento que cabe recordar es que todos nos parecemos mucho al Jesús de esta historia. Aunque nuestro propio Yo interno es la fuente de infinitas posibilidades, de creatividad y de amor, con frecuencia nos identificamos con las limitaciones del ego.

Afirmación

En el capítulo anterior hablé del empleo de la afirmación para neutralizar las trampas mentales. El uso de la afirmación desgasta gradualmente viejos y arraigados patrones de pensamiento, proporcionándonos, en cambio, un nuevo entendimiento y un marco de referencia fresco. Las afirmaciones se pueden emplear durante todo el día, no sólo con el objeto específico de desafiar y oponerse a los pensamientos condicionados, sino tambien en aquellos momentos del día en que el acceso a la mente inconsciente está en apogeo. Las afirmaciones ayudan a reprogramar el inconsciente. El acceso al inconsciente está en apogeo momentos antes de dormir y al despertar. Usted puede elegir un par de afirmaciones para repetirlas diariamente en esos momentos. Sólo asegúrese de que sean formuladas positivamente, pues existe la posibilidad de que el inconsciente no esté sintonizado en los *no*. Por ejemplo, "No me enojaré con mi mujer" le recuerda en algún nivel que usted *está* enojado. Afirme, en cambio: "Cada día soy más amoroso, comprensivo y compasivo con mi mujer". En lugar de afirmar "Yo perderé peso", ensaye "Me estoy adelgazando día a día".

Tome cuidadosamente nota de sus pensamientos apenas se levante. Si empieza el día con afirmaciones negativas — quejándose y lamentándose interiormente de todas las cosas que tiene que hacer o de la falta de cualquier cosa, sea tiempo, dinero o amor — se ha programado con una tendencia mental a la escasez. Contrarreste tales pensamientos con una afirmación positiva de la situación deseada; por ejemplo: "Tengo energía más que suficiente para hacer todas las cosas que se me presenten".

Otra ocasión en que la mente consciente tiene fácil acceso al inconsciente es durante la meditación. Esto opera en ambas direcciones. Es posible introducir nuevas interpretaciones, pero también existe la posibilidad de que salgan a la superficie recuerdos inconscientes y viejos patrones. Traumas que habían sido relegados al olvido o reprimidos pueden brotar súbitamente a la superficie cuando el ego está desprotegido y el Juez está temporalmente desprevenido. Muchos de mis pacientes han comentado este aspecto. Esta situación puede ser temporalmente perturbadora, puesto que la mente ha invertido mucha energía en reprimir el recuerdo traumático. Sin embargo, una vez que salgan a la luz del día, tales recuerdos son, por lo general, menos atemorizantes que en el momento en que fueron relegados a lo más recóndito del inconsciente.

Así como existe la posibilidad de que viejos dragones mentales salgan del closet durante la meditación, también existe la oportunidad de que nuevos programas ingresen en el inconsciente. El final de una meditación es el momento oportuno para la afirmación. También es un momento excelente para la contemplación, cuando uno trae una idea a la mente y luego simplemente se limita a esperar, y observa lo que surge. El inconsciente es un depósito de experiencias pasadas que esclarecen las ideas o los problemas, y le ayudan a considerarlos sobre una base más amplia.

Hipnosis

La mayor parte de la gente no está muy segura de lo que es la hipnosis. En realidad, ésta no es más que fijar la atención, como en la meditación, a fin de establecer nuevos marcos de referencia. El doctor Herbert Benson y otros han mostrado que la fase de inducción de la hipnosis — que a menudo simplemente es una técnica de respiración o relajación — produce la fisiología de la respuesta de relajación. La segunda fase de la hipnosis después de que la respuesta de relajación ha producido una tendencia mental receptiva, es la sugestión. Con frecuencia, la sugestión hipnótica implica percibir algo y sugerir un nuevo marco de referencia que se adapte igualmente bien a los hechos. Es una reinterpretación de la realidad.

En la vida diaria se presentan muchos ejemplos de hipnosis. Si usted simpatiza con una persona, y logra captar toda la atención de esta persona, ella será muy receptiva a lo que usted le dice. Esta es la base de una buena comunicación. También es la base de la hipnosis.

Los oradores públicos persuasivos son buenos hipnotizadores; emplean gestos e inflexiones de la voz para captar la atención. Es bien sabido que una vez que se capta la atención, el inconsciente asimila con mucha facilidad las inflexiones bajas de la voz. Gústenos o no, la hipnosis es parte de toda interacción humana. Mi historia anterior sobre cómo logré que el pequeño Mark se acostara, es un maravilloso ejemplo de lo que podría denominarse mejor hipnosis indirecta, en vista de que el trance no se indujo de manera formal, sino que sólo se fijó la atención a través del desafío a su rapidez.

Sueños

Los sueños son ventanas al inconsciente. Como el sueño es otro momento en que el Juez está ausente, nada de lo que entra en el consciente es censurado. Muchas personas pueden recordar sueños particularmente intensos que ocurren una sola vez o que se repiten. Aunque no entiendan el sueño en forma consciente, con frecuencia tienen la sensación de que es importante. Entender tales sueños puede ser una puerta hacia la consciencia y hacia el replanteamiento posterior. A menudo los sueños son un intento del inconsciente por producir una cura. Considere el siguiente ejemplo:

Janine es una mujer de treinta años; cuando era niña se despertaba gritando todas las noches a causa del mismo sueño. Veinticinco años después lo recordaba perfectamente. Ella y su padre estaban de pie a la orilla de un lago. Al otro lado se encontraba una niña más o menos de su misma edad, sola y llorando. El padre le entregaba un paquete y le decía que nadara hasta el otro lado del lago y le diera el paquete a la otra niña. Era muy conocido el hecho de que una enorme serpiente habitaba aquel lago. Janine tenía miedo de ir, pero su padre insistía; de modo que todas las noches ella saltaba al lago, y, cuando se encontraba en medio de éste, la serpiente se erguía en el agua. Janine se despertaba aterrorizada y dando gritos.

Le ayudé a Janine a usar la respuesta de relajación para replantear el sueño y descubrir un nuevo significado. Se concentró en la respiración y luego comenzó a revivir el sueño como si en realidad estuviera sucediendo. Estando relajada y sintiéndose segura, Janine podía emprender el sueño sin despertarse en el momento en que se había despertado las veces anteriores. Le dije que usara su imaginación para terminar el sueño. Logró sacarle ventaja a la serpiente y entregarle el paquete a la niña que estaba en el otro lado. La niña se puso feliz. En el paquete había comida deliciosa, juguetes especiales, monedas de oro y una pequeña bolsa de terciopelo azul bordada con la palabra "Amor". Las niñas se abrazaron. Janine se sentía maravillosamente bien. Luego le pedí a Janine que reviviera el sueño en forma regresiva. Con un poco de apoyo, volvió a saltar al agua y se encontró de nuevo con la serpiente. Esta vez, la serpiente se parecía más a un dragón, como el Puff de la vieja canción de Peter, Paul y Mary. Levantó a Janine en sus espaldas y jugaron alegremente por todo el lago. Finalmente la llevó de regreso a su padre. Este se sentía muy orgulloso de ella. La abrazó, y pasándole la mano por el cabello le dijo cuánto miedo había sentido por haberla obligado a cruzar el lago, pero que ése era su papel. El tenía que ayudarla a afrontar sus temores más profundos a fin de que pudiera deshacerse de ellos y fuera libre para desarrollar todo su potencial.

Este sueño en vela le ayudó a Janine a replantear la relación con su padre. Este era dado a la crítica, y Janine creció resentida con él por ser tan difícil de complacer. En lugar de considerar las críticas y la agresividad de su padre como algo degradante, empezó a reflexionar sobre la forma en que todo ese apremio la había obligado a formarse y a progresar. En las interacciones posteriores con su padre, Janine abandonó gran parte de su viejo rencor. Ya no respondía automáticamente a sus comentarios poniéndose a la defensiva, y, por primera vez en la vida, desarrollaron una estrecha relación. Desde luego, Janine era tanto ella misma como la niña de la otra orilla del lago. Su decisión de enfrentar su temor y nadar hasta el otro lado le permitió recibir los regalos que su padre le había enviado. Ella era tanto la persona que recibía como la que entregaba. Si bien algunas personas pueden hacer por sí solas esta clase de trabajo con los sueños, por lo general se requiere la ayuda de un terapeuta. En particular los terapeutas seguidores de Jung utilizan en forma significativa el sueño en vela.

Creatividad

La mente inconsciente es un depósito de sabiduría al que se puede recurrir con fines creativos. Desde hace mucho tiempo los sueños y los ensueños se han asociado con los descubrimientos creativos.

La creatividad requiere condiciones especiales. En primer lugar, por lo general es necesario tener algunos conocimientos acerca de un problema. Cuando uno no da con la solución, es posible suponer, con toda seguridad, que se está estancado en un marco de referencia limitado. De ahí que un período de desistimiento a menudo preceda a un descubrimiento, una novedosa recombinación de los hechos. La mayoría de las investigaciones son una síntesis de solución de problemas y de creatividad. En nuestra oficina hay una caricatura de dos científicos que están de pie ante un tablero. Uno de ellos está explicándole al otro una larga ecuación. En la mitad hay un espacio vacío, y en el extremo derecho aparece una solución. Señalando hacia el espacio vacío, uno de los científicos dice: "Y luego ocurre un milagro".

¿Cómo lograr que ocurran milagros? Sea que la inspiración es un don divino, una recombinación del contenido del inconsciente en forma novedosa, o ambas cosas, existen determinadas técnicas que facilitan su ocurrencia.

Un requisito indispensable para la creatividad es vendarle los ojos al Juez. La primera parte del proceso creativo tiene que estar despejada de inhibiciones. Más tarde, cuando las ideas están completamente formadas, hay tiempo suficiente para examinarlas.

Sin embargo, parece que hay ocasiones en que se manifiestan información o talentos adicionales a los que han sido almacenados en el inconsciente del inventor. Jane Roberts afirma que su libro *The Seth Material* fue mecanografiado automáticamente. A ella no le parecía que lo hubiera escrito ella misma. Análogamente, *A Course in Miracles*, un texto cristiano muy estimulante, se produjo *a través* de la psicóloga Judith Skutch. El estado requerido para esta clase de creatividad, sin importar su fuente, es el abandono.

La relajación producida por la meditación o el sueño se puede utilizar para acrecentar la creatividad. Antes de quedarse dormido o hacia el final de la meditación, descríbase a sí mismo el problema que debe resolver, en términos claros y sencillos. Una pregunta como: "¿Por qué todo el mundo es tan mezquino conmigo?" seguramente no producirá otra cosa que sus acostumbradas cavilaciones. Sea específico. Por ejemplo: "¿Cómo puedo mejorar mis relaciones con —————?" Si al cabo de algunos días no surge respuesta alguna, reconsidere la forma en que se está formulando la pregunta. Quizás la pregunta misma sea el marco de referencia en que está atascado.

Imaginación creativa

En su adolescencia, el famoso psiquiatra Milton Erikson quedó paralítico a causa de la poliomielitis; en aquel entonces no había servicios de rehabilitación. Durante mucho tiempo permaneció sentado frente a la entrada de su casa mirando pasar al mundo. En lugar de compadecerse de sí mismo, la parálisis le sirvió para convertirse en un agudo observador de las sutilezas de la postura, de la inflexión de la voz y del significado oculto.

Un día los padres de Erikson salieron y lo dejaron atado con correas a una silla mecedora. Infortunadamente, se encontraba demasiado lejos de la ventana. Cuando estaba imaginándose qué hacer para poder mirar hacia afuera, la silla empezó a mecerse lentamente. Pronto se dio cuenta de que cuanto más pensaba en la forma de llegar hasta la ventana, tanto más se mecía la silla. Durante toda la tarde perfeccionó sus imágenes mentales para producir el mayor movimiento posible. ¡y logró mecerse hasta la ventana! Esta experiencia lo indujo a experimentar con el efecto que produciría pensar en diferentes movimientos, hasta que gradualmente se fue recuperando de la parálisis. Fueron sus agudos poderes de observación lo que posteriormente formó la estructura teórica de su extraordinaria habilidad para la hipnosis médica y el replanteamiento.

El concepto de que las revisiones mentales de actividades físicas causan realmente movimientos musculares, es ampliamente aceptado. Muchos atletas usan tal revisión mental como parte de su rutina de entrenamiento. Los soviéticos, en particular, usan la imaginación creativa para proporcionarles a sus atletas la ventaja competitiva. Cuanto más nos imaginemos cualquier situación, tanto más profundamente se grabarán los circuitos mentales. La vieja literatura sobre meditación advierte que la mente toma la forma de cualquier cosa de la que suele ocuparse.

El psiquiatra de Harvard, Steven Locke, con frecuencia somete a sus pacientes a este ejercicio: Primero, dé un suspiro de alivio y luego respire contando de 3 a 1 . . . A continuación, imagine que está en la cocina . . . Vaya a la nevera y busque un limón verde muy grande que se encuentra en su interior. Sáquelo y sienta el peso del limón en la mano. Fíjese en la parte redonda donde estaba la flor, y en la parte plana donde estaba el tallo. Pase los dedos por la superficie irregular y cerosa. Raspe la cáscara con la uña, observando el líquido que suelta, oliendo el aroma y sintiendo el aceite viscoso del limón entre los dedos . . . Ahora ponga el limón sobre la mesa y busque un cuchillo. Corte el limón por la mitad, y cuando el jugo brote a la superficie, chúpelo.

¿Observó alguna reacción fisiológica a esta fantasía? La mayor parte de las personas notan que los labios se les fruncen y que empiezan a salivar como si en realidad estuvieran chupando un limón. El hecho es que el cuerpo no puede distinguir entre lo que efectivamente está sucediendo y lo que está imaginando. Cuando usted piensa en todas las fantasías negativas que a diario pasan por su mente, no es de extrañar que el cuerpo almacene tanta tensión. ¿Por qué no las substituye por fantasías positivas guiando activamente su imaginación?

Cada vez que usted piensa en algo, está imaginándose cosas. Los detalles del proceso difieren de una persona a otra, pero todo el mundo tiene la capacidad de usar la imaginación. ¿Qué es lo que usted experimenta cuando fantasea, ya sea positiva o negativamente? Las fantasías de algunas personas podrían describirse como una forma de pensar desaceleradamente. Otras personas se concentran en el cuerpo. En otras domina el aspecto visual. Otras están más orientadas hacia la fragancia y el gusto. No hay manera correcta o equivocada de imaginarse las cosas. Puesto que usted lo ha hecho toda la vida, no hay nada que aprender ni nada en que fracasar. Si todavía usted duda de su propia imaginación, imagínese que acaba de contratar a una persona que lava ventanas y que pregunta cuántas ventanas hay en su casa para cotizar el trabajo. Cierre los ojos y cuéntelas. Es fácil, ¿no es cierto?

En vista de que la enfermedad que más predomina es el temor y la identificación con la mente, la imaginación creativa se puede utilizar de manera muy eficaz para desidentificarse con las preocupaciones de la mente y para entregarse a una experiencia de placer que cautiva la atención. Esto produce la respuesta de relajación. Por esta razón, muchas grabaciones de relajación empiezan con una secuencia de imágenes mentales que desplazan a la persona a un lugar muy especial y confortable. Luego se le ordena que les preste atención a los detalles con cada uno de los sentidos. De esta manera la persona puede desaferrarse de sus pensamientos, concentrándose en algo agradable. Al final de este capítulo tendrá usted la oportunidad de ensayarlo.

La imaginación creativa se parece a la hipnosis. Para experimentar ese estado, primero hay que relajarse. Por consiguiente, el primer paso es concentrarse en la respiración o meditar durante unos minutos. En el segundo paso, usted se está sugestionando algo que se aparta de su marco de referencia inmediato. Sabemos que ciertas personas "hipnóticamente talentosas" (más o menos el 5 por ciento de la población) pueden concentrarse tan decididamente en una sugestión que pueden producir cambios corporales excepcionales. Si uno toca a una de esas personas con un lápiz y la sugestiona de que se trata de una plancha caliente, se le formará una ampolla en ese lugar. De manera similar, es posible hacer pequeñas intervenciones quirúrgicas sin más anestesia que la sugestión de adormecimiento. Si bien la mayor parte de nosotros no somos tan "sugestionables", las sugestiones sí pueden producir en nosotros un efecto perceptible, como quedó demostrado con el ejercicio del limón.

Hay una importante diferencia entre el uso de la imaginación creativa y la meditación. Si bien la imaginación es un subproducto de la meditación, la mente es guiada hacia el ensimismamiento en una fantasía dirigida; hay una meta. La meditación no va dirigida a una meta; ejercita, en cambio, las capacidades de autoobservación y distensión. Si bien muchos de nuestros pacientes disfrutan trabajando con las diversas películas de la imaginación, siempre los estimulamos a hacerlo como complemento de la meditación y no como algo aparte. De este modo pueden obtener los beneficios de la toma de consciencia de sí mismos y del control de la mente que la meditación preferentemente desarrolla. Lo mismo que la meditación, la imaginación creativa se puede emplear durante períodos largos o sólo durante unos minutos. El momento ideal para practicar la imaginación creativa son los últimos minutos al final de la meditación, cuando el inconsciente está en su mayor nivel de receptividad.

He aquí los pasos que se deben seguir en un ejercicio sencillo. Puesto que cada uno de nosotros reacciona a diferentes imágenes, usted puede modificar el libreto siguiente de acuerdo con sus necesidades y preferencias. Sígalo mentalmente o grábelo con música de fondo o sin ella. Su música favorita puede estimular la imaginación y darle un mayor significado a la experiencia.

Inspire profundamente y espire con un suspiro de alivio... En cada una de las siguientes inspiraciones, relájese un poco más, sumergiéndose gradualmente... En un momento puede contar regresivamente de diez a uno, relajándose cada vez más con cada espiración. Utilice la imaginación como ayuda para relajarse. Con cada respiración podría flotar un poco más alto en un globo de aire caliente, imaginando la sensación del suave vaivén de la góndola. O podría gozar con un baño de sol en la playa, en la línea de la marea, imaginando que las olas lo bañan suavemente al inspirar y retroceden al espirar, llevándose con ellas toda tensión o enfermedad... Tal vez se le ocurra alguna otra imagen... De modo que cuente de diez a uno en la forma que más le convenga...

Imagínese ahora que está en un lugar tranquilo; el día es muy hermoso y soleado. Puede ser cualquier lugar que conoce o el que se le ocurra en ese momento... Deje que sus sentidos completen los detalles. ¿Cómo es la tierra que pisa?... Imagínese la sensación que le produce el sol, absorba el cálido esplendor, y llévelo a los rincones más profundos de su cuerpo, dejando que llene todas las células de energía y equilibrio... ¿Qué sensación le produce la brisa? ... ¿Cómo son los colores? ... Imagínese todas las cosas que embellecen la escena. ¿Hay sonidos? ¿Pájaros o viento u oleaje? Goce ese lugar...

Ahora busque un sitio agradable y acomódese en él... Imagínese que su respiración es una corriente de cálida y tierna energía. Procure que ese sentimiento amoroso le invada la mente... el cuello... los hombros... Dirija ese sentimiento cálido hacia los brazos y las manos... Llene su corazón de amor y deje que ese sentimiento le invada todo el torso... Respire amor hacia el estómago... la pelvis... Sienta cómo le va bajando por las piernas... directamente hacia las plantas de los pies.

Ahora imagínese que usted se ve saludable y tranquilo. La luz del sol está resplandeciente. Cuando inspire, deje que esa luz le penetre en el cuerpo como un rayo de sol a través de la coronilla. Con cada inspiración, permita que la luz sea cada vez más resplandeciente. La luz es apacible y amorosa. Entréguese a ese amor... Ahora medite tranquilamente durante unos minutos para permitirle a su mente inconsciente absorber la experiencia y reflexionar sobre la misma, y, luego, cuando esté listo, regrese y abra los ojos.

🌐 Sugerencias para el lector

1. Continúe practicando la afirmación. Cuando se despierte por la mañana, observe lo que se dice a usted mismo. Si es una sucesión de pensamientos negativos, substitúyalos por una afirmación positiva. Continúe verificando sus pensamientos en el transcurso del día. Actúe para evitar la sensación de impotencia siempre que le sea posible, y relájese o haga replanteamientos cuando sea oportuno hacerlo.

2. Practique la búsqueda de replanteamientos. ¿Cómo puede lograr que una situación parezca diferente y se convierta en una

experiencia instructiva en vez de ser un ejercicio de reproches y sentimientos de culpa? Un gran replanteamiento es amar uno lo que tiene en lugar de lamentarse de lo que no tiene.

3. Ensaye la imaginación creativa. Podría usarla para solucionar sus problemas, imaginando que existe una "persona sabia" en su interior o haciéndole a su inconsciente preguntas claras y concisas antes de acostarse o durante la meditación.

4. Use el libreto que aparece al final del capítulo para realizar un ejercicio de imaginación más prolongado, y consiga grabaciones sobre imaginación creativa que despierten su interés. Aunque la calidad de estas grabaciones es muy diversa, la mayoría le darán buenas ideas. Los pacientes de cáncer posiblemente disfruten las audiocintas del doctor Bernie Siegel. Estas cintas se pueden solicitar por escrito a ECAP, Inc.,* 2 Church St. South, New Haven, CT 06519. También se pueden conseguir las videocintas de las conferencias del doctor Siegel.

---

* ECAP significa Exceptional Cancer Patients [Pacientes de Cáncer Excepcionales]. La determinación con que estos pacientes combaten la enfermedad puede ayudarles a convertirse en excepciones de las estadísticas.

7

Curar las emociones

Peg es una joven encantadora, de carácter abierto y afectuosa; está casada con un hombre que la adora y tiene dos hijos pequeños. Peg llegó a la Clínica para la Mente y el Cuerpo a causa de jaquecas muy fuertes que con frecuencia le duraban hasta cuatro días. Cuando nos conocimos, se describió a sí misma como "supermamá" y "superesposa". Se puso a llorar cuando empezó a contarme que el fin de semana anterior las dos hermanas de su marido y sus respectivas familias habían llegado a su casa sin previo aviso a pasar un día en la piscina. Aunque Peg estaba muy enojada, sonreía y actuaba como la perfecta anfitriona. También se tomó la dosis diaria de Fiorinal, medicamento de prescripción médica contra las jaquecas. Cuando todos se fueron, ella se desplomó en la cama, pero no se pudo dormir sino hasta las 3 de la mañana.

A Peg no le costaba trabajo contarme cuán enojada estaba, pero no era capaz de decírselo a su familia. Y aunque centraba su furia en sus cuñadas, la verdadera fuente de su enojo — sus padres — seguía siendo una incógnita para ella. Peg me explicó que de vez en cuando expresaba sus emociones, gritando a su marido o a los niños. Siempre que actuaba así, le decían que era exageradamente emotiva y descontrolada. Esto la hería y le producía más ira, y después sentimiento de culpa por haber actuado en forma tan pueril. Peg era como una bomba de tiempo, porque tenía muy poca consciencia de lo que estaba sintiendo o por qué lo estaba haciendo.

Cuando la presión era demasiado intensa, estallaba en un acceso de ira o le daba una jaqueca. Cuando acudía a su madre en busca de consuelo, ella le decía que su problema era el síndrome premenstrual. En la mente de Peg, todo era culpa del egoísmo de otros o culpa suya por no ser perfecta. Se encontraba atrapada en tres trampas mentales: las creencias personales negativas, los "debieras" y hacer las cosas a su manera. En la infancia se había aprendido el papel de hija perfecta — el guardián de los sentimientos de la familia. Hacía lo que se le ordenaba, y tenía contento a todo el mundo. A los treinta y cuatro años, nunca había aprendido a decir no. Según palabras de la misma Peg, ella era el estropajo de todos.

Trampas mentales emocionales

Aprender a tomar consciencia de los sentimientos, de la forma en que surgen y de cómo emplearlos creativamente, de modo tal que nos guíen hacia la felicidad, es una habilidad esencial para toda la vida. Para empezar, examinemos tres formas comunes de manejar las emociones:

Negación

En un extremo se encuentran las personas que niegan completamente los sentimientos. Si uno les pregunta cómo se sienten, contestan que bien y lo dicen en serio, no importa qué les esté sucediendo en la vida.

Usted puede darse más cuenta que ellas mismas de cómo se sienten. La incapacidad de expresar emociones se ha ligado a varias enfermedades psicosomáticas, desde el dolor de espalda hasta las jaquecas. Si bien la mente consciente no se da cuenta de las emociones, el inconsciente está dolorosamente al tanto de ellas. Como la tensión que está contenida en la emoción no se puede disipar en forma consciente — hablando de ella o tomando alguna medida —, la energía que va acumulándose sin salida se somatiza — es decir, se manifiesta por medio del cuerpo.

Manifestación exagerada

En esta trampa, que es lo opuesto a la negación, las personas estan completamente fundidas por una emoción. Ellas no tienen ira: ellas *son* ira. Este estado es peligroso, porque se puede perder el control. El intelecto está ofuscado y los impulsos más primitivos son los que prevalecen.

En el verano pasado, mi familia y yo estábamos de pesca en alta mar. Cerca de una docena de botes se habían congregado alrededor de un banco de pomátomos saltadores. De repente, un bote se vino directamente hacia nosotros a gran velocidad. No teníamos tiempo de quitarnos de su camino. Los sedales se rompieron de un golpe. Nuestro bote se llenó de agua y todos quedamos empapados. Cuando miramos incrédulos el bote que se alejaba, vimos su nombre grabado en la popa — FUROR.

Represión

La tercera trampa mental emocional está ubicada entre la negación y la manifestación exagerada. Su juego es reprimir los sentimientos que uno sabe conscientemente que están presentes, pero no cree tener derecho a experimentar. Con esta actitud se corre un doble riesgo: no sólo siente uno el dolor de la emoción, sino que se agrega el dolor mucho mayor que se produce al oponer resistencia a la emoción. Por ejemplo, Peg consideraba que enfurecerse no era una actitud correcta, de modo que refrenó la furia. Su actitud produjo incontables situaciones que sólo aumentaron su ira porque permitía que la gente abusara de ella.

Una actitud saludable hacia las emociones

Hay tres actitudes hacia las emociones que llevan al empleo de éstas en forma constructiva.

1. Es natural y humano experimentar emociones. ¿Qué es una historia de interés humano sin dolor ni ira, sin amor ni alegría? Las emociones son la esencia misma de la vida.

2. Usted tiene derecho a sentir lo que siente, aunque la emoción no se "justifique". Nadie tiene derecho a decirle a uno que no debe sentirse en la forma en que se está sintiendo, ni siquiera uno mismo. Sólo cuando entendemos por qué nos sentimos como nos sentimos, podemos progresar en el entendimiento de nosotros mismos. Cuando alguien malinterpreta una observación nuestra y se ofende, no tiene objeto decirle a esa persona que está equivocada. Si ambas partes están dispuestas a aceptar el sentimiento y a averiguar qué lo produjo, puede surgir un verdadero entendimiento.

3. Las emociones negativas son una verdadera oportunidad para entenderse mejor a sí mismo. Sólo aceptando nuestras reacciones ante nosotros mismos, ante situaciones y ante otros, podemos distinguir las malas jugadas que nos hace el ego. Sólo haciendo caso omiso del ego y de su temor y aislamiento, podemos experimentar nuestro estado natural de paz interior. Las emociones positivas — el amor, la alegría, la confianza, la paz — son expresiones del Yo. Siempre están presentes y tienen la oportunidad de manifestarse cuando las ponemos en libertad luego de haber aprendido el arte del equilibrio emocional.

El mito de las emociones negativas

Las emociones negativas no son malas. Son humanas. La mayor parte del tiempo son apropiadas. Cuando algún ser querido muere, hay un período de tristeza, de pena y de duelo. Si usted no se permite sentir la pena, ésta encontrará cómo salir a la superficie, y la herida producida por la pérdida no podrá sanar. Si usted se enferma, la reacción más natural es que esté deprimido por lo que ha perdido, y tal vez se ponga furioso o se sienta frustrado. Si bien usted no tiene que permanecer aferrado a esos sentimientos, así es como la mayoría de la gente empieza. La reacción natural ante la ofensa es la ira. Si no la manifestamos, ¿cómo podemos aprender y cómo nos pueden enseñar a ser sensibles con los demás?

Como tal vez usted recuerde, en el primer capítulo vimos que la sensación de impotencia está asociada con dolencias tan diversas como úlceras, enfermedades cardíacas y cáncer. La impotencia es una actitud de incapacidad, de haberse convertido en víctima. De modo que cuando un alterado paciente de cáncer aparece en mi oficina afligido por su enfermedad o por alguna acción recíproca con un médico, con su pareja o con el tránsito, y luego se lamenta de que tal aflicción hará que su enfermedad aparezca de nuevo, le señalo que sucederá exactamente lo contrario. Ocultar los sentimientos, creer que no se tiene derecho a experimentarlos y por tanto sentirse impotente, lleva a un estado emocional más peligroso y, al menos en algunos casos, a peores consecuencias para la salud.

Las únicas emociones negativas son las que usted no se permite experimentar o no permite que las experimente otra persona. Las emociones negativas no le harán daño si las manifiesta en forma apropiada y luego se deshace de ellas, tal como lo discutiré más adelante. Refrenarlas es mucho peor.

Desde luego, el amor y la risa son actitudes clave para la curación, pero sólo pueden experimentarse una vez nos hayamos librado de los patrones negativos que bloquean su expresión. No se puede pegar la felicidad encima del dolor, como si se tratara de un parche, y esperar buenos resultados. Para desenmarañar las emociones es necesario tener paciencia.

Cómo restablecer el equilibrio emocional

Para que usted pueda ajustar su equilibrio emocional es necesario que entienda antes su estilo emocional actual. ¿Niega, reprime o exagera usted sus emociones? A veces manejamos bien algunas emociones, pero no sabemos cómo manejar otras. Los estilos emocionales de la gente pueden ser muy diferentes. Todos provenimos de familias y de circunstancias de la vida muy diferentes, las cuales han dejado una huella emocional singular en nosotros. En algunas familias es bien visto ponerse furioso, pero no triste. En otras está bien sentirse impotente pero no ponerse furioso. En algunas familias sólo se permiten emociones positivas.

En general, los hombres están menos acostumbrados que las mujeres a reconocer sus estados emocionales, porque en muchas familias se alaba a los hombres por ocultar sus sentimientos — así parecen fuertes e imperturbables. Aunque en muchos casos este tipo de condicionamiento se revierte, un gran número de mis pacientes casados cuentan historias parecidas sobre las diferencias que existen entre los estilos emocionales de los hombres y las mujeres.

El hombre se queja de que su esposa es excesivamente emocional. La mujer se queja de que su esposo es demasiado racional, insensible tanto a las emociones de ella como a las propias. La esposa dice: "Estoy triste; peleé con mi amiga Linda". El marido, en vez de consolarla y confirmarle que ella tiene derecho a estar triste, prepara el equivalente intelectual de un alegato legal, enumerando las razones por las cuales debe pensar de otro modo y tratar de averiguar quién tiene la culpa. Ella acaba por pensar que a su esposo no le importa ella porque subvaloró sus necesidades emocionales. El acaba por pensar que ella es histérica e irracional cuando los esfuerzos que él hace por solucionarle racionalmente el problema la hacen sentir peor.

En toda relación íntima es necesario tomar consciencia del estilo emocional propio y del de la otra persona. Esto no significa que ambos deban tener el mismo estilo, sino que deben respetar el estilo de la otra persona. El esposo del ejemplo anterior puede evitar la pelea si tiene consciencia de que su esposa experimenta las emociones con gran vehemencia y de que ella considera que así debe ser. Si él inicia la acción recíproca mostrándose comprensivo con la aflicción de su esposa y diciéndole algo así como "Caramba, mi amor, parece que esta pelea te afectó muchísimo", y luego le da un abrazo, ella se sentirá apoyada y comprendida.

En ese momento ella podría beneficiarse de la perspectiva racional de su esposo. También podría estar más dispuesta a escuchar el punto de vista de él, su esposo, puesto que la validez de sus emociones ya recibió apoyo. Por otra parte, si él también ha tenido un día difícil y no puede reaccionar favorablemente a las emociones de su mujer, si ella toma consciencia del estilo emocional de su esposo podrían evitar una gran pelea. En lugar de hacerle reproches por su falta de sensibilidad, podría tener presente que él sencillamente es más racional y que en ese momento padece sus propias tribulaciones; él es buena persona; ella también. Ella es una buena mujer. Simplemente son diferentes. El sólo hecho de que él esta vez no pueda responder favorablemente al problema de ella no significa que no la quiera ni la apoye. Este raciocinio puede evitar que la falta de armonía en sus estilos emocionales degenere en una gran pelea. Además, ella puede apelar al intelecto de su marido haciéndole saber, sin reproche alguno, que acaban de tener uno de esos famosos malentendidos en que se enfrentan lo racional y lo emocional. Ambos aprenden y ninguno se siente mal.

Entender el estilo emocional propio

Sea usted un observador objetivo esta semana. Cuando se presente una situación perturbadora, además de identificar sus trampas mentales, determine cuál es su reacción ante la perturbación desde el punto de vista emocional. Quizás quiera ensayar también el siguiente ejercicio para aprender a observar sus emociones:

¿Alguna vez se acordó de algo que sucedió en el pasado y luego revivió los sentimientos asociados con ese suceso? Durante muchos años me atormentó el recuerdo de un error perfectamente comprensible que cometí cuando era adolescente. Fui a una fiesta que terminó en bronca, y alguien llamó a la policía. No arrestaron a nadie, pero una amiga mía le contó a su madre lo que había ocurrido y ésta, a su vez, se lo contó a mis padres. Durante muchos años, el recuerdo de esa fiesta me hizo sentir vergüenza. Cuando pensaba en ella, mi postura cambiaba, mi tono de voz bajaba, me ponía nerviosa y me daba ira.

Tal es el poder de la mente. Este ejercicio está diseñado para ayudarle a usted a manejar su mente y las emociones que ésta puede generar.

Parte 1: Toma de consciencia de las emociones negativas

Tome papel y lápiz. Escriba dos o tres recuerdos asociados con la ira. Mencione todos los detalles que pueda. Lo que sucedió y lo que se dijo. Observe qué sentimientos le produce el recuerdo. Localice los sentimientos en su cuerpo. Por ejemplo, algunas personas experimentan la ira como un nudo en el estómago, otras como una sensación de ardor en el corazón y en la garganta, y otras en forma de extrema tensión muscular u otras sensaciones. Anote sus reacciones. El recuerdo de la ira ¿le produjo emociones tales como tristeza? ¿Qué efectos le producen esas emociones? Anote lo siguiente:

- La emoción del "recuerdo". En este caso, ira.
- Los sentimientos físicos asociados con el recuerdo.
- Cualesquiera otras emociones causadas por el recuerdo, y los sentimientos corporales asociados con ellas.

Repita el ejercicio con el temor, los sentimientos de culpa, la vergüenza y cualquier otra emoción negativa que desee explorar.

Parte 2: Emociones positivas

Repita el ejercicio para el amor, la confianza, la alegría, la tranquilidad o cualquier otro estado positivo. Para la confianza, anote los recuerdos de empresas que acometió con éxito y que lo hicieron sentir bien. No tienen que ser logros que otras personas hayan reconocido necesariamente. Yo, por ejemplo, recuerdo el momento en que aprendí a leer. Primero la lucha por distinguir la *a* de la *o* y la *p* de la *q*. Finalmente, un día cuando iba en automóvil, las letras de un aviso encajaron repentinamente en una unidad reconocible — PARE. ¡Qué emoción!

En la Clínica para la Mente y el Cuerpo hacemos mentalmente el ejercicio anterior durante un período de meditación. Las personas pueden revivir fácilmente algunas emociones pero otras no. Las emociones que no es posible desenterrar, a veces pueden ser poderosas pistas. Son contadas las personas que realmente han dominado la ira o aprendido a perdonar. La represión es la explicación más probable. Tome nota de las emociones que surgieron sin dificultad y de las que fueron inaccesibles. ¿Qué *hizo* con la emoción? ¿La expresó y aprendió de ella, o la exageró, la negó o la reprimió? ¿Se le ocurre una explicación para ello? ¿Cómo manejaron los miembros de su familia tal emoción durante su infancia y su adolescencia?

Es posible que este ejercicio le permita percatarse de la naturaleza de su condicionamiento temprano, o es posible que no. Siempre es útil compartir los resultados con alguien que lo conozca a usted bien y esté consciente de ciertos aspectos de su estilo emocional que usted no puede ver. Además, algunas personas reaccionan a un ejercicio de esta índole más favorablemente que otras. El hecho de que no sienta fuertes emociones al hacer este ejercicio no significa que usted sea un negador. Pregúntese a usted mismo si lo que experimentó en el ejercicio coincide con sus reacciones en la vida real.

Los pacientes de la clínica reconocen ciertas semejanzas entre las emociones positivas y las negativas. Las emociones positivas crean sensaciones corporales de sinceridad y generosidad. Se abren al mundo. El cuerpo se siente relajado, pese a que algunas emociones como la alegría generan mucha energía. Las emociones negativas, en cambio, crean un sentimiento de tensión y opresión. Todo se contrae hacia adentro. El mundo es rechazado. *Los sentimientos positivos estimulan la unidad. Los sentimientos negativos estimulan el aislamiento.*

Convertirse en observador hábil de las propias emociones permite hacer una elección consciente entre el amor y la unidad o el temor y el aislamiento. No estoy diciendo que esta habilidad sea fácil de desarrollar, sólo que es posible y muy deseable hacerlo. En el punto de equilibrio emocional, el ego pierde influencia. Sus necesidades y sus temores no son atendidos. En cambio, simplemente observamos nuestro estado emocional con aceptación e interés; sin juzgar si somos buenos o malos; simplemente usamos el intelecto para discernir la mejor forma de aprender de nuestro propio estado emocional. ¿Indica la ira que tenemos que tomar una medida particular, o que es necesario cambiar de actitud? ¿Qué podemos aprender de nuestros temores?

Aprender de las emociones

Adoptando la posición del observador, es decir, del Testigo que observa sin emitir juicio alguno, se pueden experimentar estados negativos sin que éstos nos dominen. Cuando usted note un sentimiento perturbador, enfóquelo conscientemente. ¿En qué parte de su cuerpo lo siente? Este es un paso importante. Quizás lo que inicialmente parece ser ira se experimenta con más fuerza como amor propio herido. *Déle un nombre a la emoción.* ¿Qué está sintiendo realmente? Luego reflexione sobre por qué lo está experimentando. No pierda de vista a su ego, el cual se apresurará a sacar a relucir todas sus trampas mentales para asegurarse de que a usted o a otra persona se le eche la culpa o se le haga el elogio. La idea no es terminar el análisis encontrando al culpable, sino entendiendo por qué usted reacciona en esa forma, sin importar lo que sucedió para que se provocara la emoción ni si se justifica sentirla. La verdad es que uno no tiene por qué justificar la ira para tener derecho a ponerse furioso. Todas las emociones son aceptables. Sin ellas sería poco lo que aprenderíamos sobre nosotros mismos.

Cuando usted le haya puesto un nombre a la emoción y haya

reflexionado sobre su origen, puede hacer una elección informada. Si no es importante, quizás pueda olvidarse de ella.

John era un hombre de negocios de cincuenta y cinco años que había sufrido un infarto. Cuando se hallaba camino de una reunión del Grupo para la Mente y el Cuerpo, su flamante Mercedes recibió un golpe en el garaje del hospital. John sintió la opresión en el pecho, los violentos latidos del corazón y la sensación de ahogo que acompañaron su enojo y decidió que no valía la pena enojarse por un golpe. Su corazón era más importante. Respiró profundamente, botó el aire con un suspiro de alivio y en las siguientes espiraciones se recordó a sí mismo que debía relajarse más, usando el mántram espontáneo "No es importante", "No es importante".

Inspire profundamente y adopte la posición de observador — el aspecto del Testigo del Yo observa sin juzgar. Esto es de suma importancia para que usted pueda determinar si puede olvidarse del asunto o si es necesario tomar alguna medida o cambiar de actitud. Cuando usted tome consciencia del Testigo, podrá controlar de nuevo sus sentimientos. En un ataque de ira el intelecto se ofusca. No es que usted tenga ira: es que usted es ira. ¿Recuerda la historia del bote Furor?

El problema con las emociones no es que las experimentemos. Experimentar emociones es necesario para el desarrollo personal. Es parte del ser humano. El problema surge cuando nos aferramos a ellas y no podemos librarnos de ellas, o cuando ni siquiera estamos conscientes de que las tenemos. Las dos emociones que más perseveran — de las que es más difícil librarse, ya sea que nos aferremos a ellas consciente o inconscientemente — son variantes del sentimiento de culpa. Cuando nos culpamos a nosotros mismos, tenemos remordimientos y sentimos vergüenza. Cuando insistimos en culpar a otra persona, experimentamos resentimiento. El daño perdura mucho después de haber pasado la situación. Con frecuencia los pacientes afirman que les sigue dando rabia por algo que alguien hizo años antes. Lo trágico es que la ira persiste mucho después de que podamos aprender algo positivo de ella. Algunos de nosotros todavía les guardamos rencor a personas que han muerto hace años.

Cuando usted se acuerda de alguien a quien le guarda rencor, empieza a notar los efectos físicos. El corazón se le acelera, se le forma un nudo en el estómago y los músculos se le tensan. Entre tanto, la persona causante de su disgusto sigue su vida impasible. Esta simple verdad aflora en aforismos e historias de todas las culturas. Buda comparó el hecho de alimentar la ira con agarrar un carbón caliente con la intención de tirárselo a alguien. Desde luego, el único que se quema es quien agarra el carbón. Un profesor de meditación moderna, Swami Chidvilasananda, dice que alimentar la ira es como incendiar la casa con el propósito de deshacerse de una rata.

Los sentimientos de culpa son un caso especial de ira. La rata por la cual usted está quemando su casa como una forma de exorcismo es usted mismo, y es imposible huir de sí mismo. Repito: No tiene nada de malo el sentimiento de culpa si uno lo enfrenta en el momento en que lo experimenta. Es un mensaje que nos dice que habría sido mejor haber tomado otra decisión o haber actuado en forma diferente. El problema aparece cuando recibimos el mensaje pero no podemos deshacernos del mensajero.

Como los sentimientos de culpa nos hacen sentir mal, con frecuencia producen reacciones secundarias. La reacción corriente de uno hacia alguien que le hiere los sentimientos es de ira. Cuando uno se siente culpable, tiene ira consigo mismo. Esa ira también puede descargarse sobre la persona a quien originalmente consideró su víctima. Digamos que usted tiene las mejores intenciones de visitar a su tía que está enferma y que vive en un ancianato. Usted está muy ocupado y el tiempo va pasando. Siempre que usted la llama por teléfono, ella le pregunta que cuándo irá a visitarla. Muy pronto usted comienza a sentirse avergonzado al llamarla. Finalmente termina por ofenderse porque ella lo hace sentir mal. Una vez que el momento de manejar la emoción en forma sencilla ha pasado — bien sea diciéndole a la tía que infortunadamente no puede ir o simplemente tomándose el tiempo para visitarla — la situación se va volviendo cada vez más embarazosa.

Deshacerse del resentimiento y del sentimiento de culpa

La mayor parte de nosotros llevamos a cuestas una enorme e innecesaria carga de culpa y resentimiento. Aun cuando no la sintamos directamente, afecta a nuestro comportamiento. Puedo ase-

gurarle que el dueño del bote Furor llevaba una carga de resentimientos acumulados. La ira se desbordó en su agresiva falta de
consideración con los demás navegantes. La persona que está
furiosa consigo misma también puede agredir a otros. Sucede con
frecuencia que la gente que es más intolerante con el comportamiento de los otros es la que también es muy intolerante consigo
misma. Los constantes esfuerzos que esta persona hace por corregir
y controlar a quienes la rodean hacen que su carga sea mayor,
puesto que lo más probable es que sus víctimas respondan con ira
y fastidio, perpetuando así el ciclo.

Para poder deshacernos del resentimiento, tenemos que entender antes las razones por las cuales determinada persona nos
ofendió. A veces la gente simplemente no se da cuenta de las consecuencias de sus actos. No es que sea mala — sólo es ignorante.
Sin embargo, si usted no hace que la gente se enfrente con los frutos
de su ignorancia cuando lo ofende a usted, ella no tendrá oportunidad de aprender de sus faltas. La gentes es ignorante, pero usted
guarda rencor, y ésta no es una manera inteligente de actuar. Hay
ocasiones en que la gente que actúa en forma ofensiva también ha
sido ofendida.

Los patrones almacenados de sensación de impotencia y de ira
pueden tener un fuerte desenlace. Es difícil romper el ciclo mientras
no hayan sanado las propias heridas del agresor. Por lo general, la
gente no hiere intencionalmente a los demás. La mayor parte de
las ofensas son resultado de la ignorancia o de la reiteración de
patrones inconscientes. En general, hacemos las cosas de la mejor
manera posible en todo momento. No vale la pena reflexionar en
forma retrospectiva y zaherirse uno mismo por no haber sabido
entonces lo que sabe ahora.

Hace algún tiempo estaba conduciendo mi automóvil por la
ciudad. Al detenerme en un semáforo en rojo, vi a un muchacho
de unos diez años colgado de la ventana trasera de la camioneta
que estaba delante de mí. Me miró, frunció los labios y me hizo una
señal obscena con los dedos. En lugar de devolvérsela, pensé en
cuán herido debía sentirse para expresarse en una forma tan hostil.
Así que simplemente lo miré a los ojos con todo el amor que pude
mostrar. Respondió con una enorme sonrisa y me saludó con la
mano hasta que el automóvil se perdió de vista.

Este es un ejemplo de un intercambio fácil — no nos conocíamos. Es más difícil ver cómo el dolor afecta al comportamiento de una persona más cercana a usted. Las dos historias siguientes son replanteamientos útiles para deshacerse de la ira y ver las razones, no aparentes, de las cosas.

Replantear una agresión como la necesidad de ser amado

Robin Casarjian, un terapeuta que da conferencias sobre el perdón, cuenta una hermosa historia sobre un estudiante norteamericano de aikido en el Japón. El aikido es un tipo de arte marcial que enseña cómo llevar una vida equilibrada. A los estudiantes les prohíben usarlo en contra de otra persona, a menos que estén seguros de que van a sufrir daño físico.

Tal como Casarjian narra la historia, algo modificada por el tiempo y mis propios recuentos, un estudiante de aikido se encontraba viajando en el metro un día caluroso de verano. Un obrero borracho y malhablado se subió al metro y no tardó mucho en darle una bofetada a una joven mujer, haciéndola caer a ella y a su bebé al piso. Al mirar a su alrededor en busca de pelea, sólo vio a un anciano, a una pareja de edad y al joven estudiante de aikido. El estudiante y el obrero ebrio se alistaron para la lucha. El estudiante sabía que el borracho no era contrincante para él.

De repente, el pequeño anciano tiró de la ropa del obrero, diciéndole que había observado la afición de éste por la bebida. El obrero maldijo al anciano, quien persistió, mencionando que él y su esposa se tomaban una botella de sake todas las noches en el jardín mientras miraban la lenta recuperación de un durazno afectado durante una tormenta. El borracho estaba tan atónito por el hecho de que el anciano se atreviera a hablarle que empezó a escucharlo. Cuando el viejito le preguntó al borracho si tenía esposa con quien compartir el sake, éste comenzó a llorar, explicando que su esposa había muerto durante un parto el año anterior. En su congoja había perdido el empleo y se había entregado a la bebida. Muy pronto el borracho se encontraba con la cabeza apoyada sobre los frágiles hombros del anciano. El viejo pasó la mano cariñosamente por el cabello del borracho y escuchó sus penas con gran compasión. El estudiante, al observar el desarrollo de toda esa escena, comprendió que había visto a un verdadero maestro de aikido en acción.

Se nos dice desde la infancia que no debemos juzgar a otra persona, sin habernos puesto antes en el pellejo de ella. No obstante, es difícil tomar en serio la lección. Si en realidad pudiéramos relacionarnos con el dolor de otra persona, entonces sería mucho más fácil perdonar y olvidar. El doctor Jerry Jampolsky hace una magnífica exposición de replanteamiento esencial en su influyente libro, *Love Is Letting Go of Fear* [*Amor es deshacerse del temor*]. En su concepto, la mejor forma de considerar la agresión de otra persona es como una súplica de ayuda. La agresión surge del dolor de esa persona. El único remedio para el dolor es el amor. Esto se ve muy claramente en el caso de los niños. Un niño cansado se pone irritable; y cuando se encuentra en ese estado, a veces nos ataca, lloriquea, da alaridos, o inclusive reacciona con una pataleta. ¿Le devolvemos la agresión al niño o nos damos cuenta del hecho de que sólo necesita un poco de amor y de sueño?

Si bien es esencial entender a los demás para no tomar tan en serio los ataques de ellos, no estoy sugiriendo que automáticamente se deba poner la otra mejilla. En el momento de la agresión, cuando le empiece a dar ira, ejercite su discernimiento. Si usted cree que lo más productivo es contraatacar, y que así logrará un mejor entendimiento con la otra persona, entonces láncese al ataque. Por otra parte, si la agresión es de tal naturaleza que olvidarse del asunto es la mejor alternativa, entonces es útil replantear al agresor como alguien que necesita amor en ese mismo instante. En ningún caso vale la pena alimentar la cólera cuando ésta ya no tenga ninguna utilidad.

Replantear al agresor como el maestro

Otro replanteamiento muy eficaz que nos ayuda a deshacernos del resentimiento lo ilustra la historia de un despreciable tirano. El escritor y antropólogo Carlos Castañeda narra la historia de un hombre inusitadamente cruel y malicioso, que sin motivo critica, deshumaniza y maltrata físicamente a su empleado, Don Juan, sabio mexicano cuyas enseñanzas forman el núcleo de los libros de Castañeda. Don Juan logra por fin escapar de su verdugo, y busca refugio en la casa de su maestro. Asombrosamente, éste le ordena regresar a la casa del tirano. Le asegura a Don Juan que la forma más rápida de desarrollar el equilibrio interior es regresando a donde el cruel patrón, y permaneciendo allí hasta que ninguna palabra o acto pueda desestabilizar su fortaleza y su serenidad. Todo el mundo, dice, debería abrigar la esperanza de tener el privilegio de que un tirano mezquino le enseñara esta lección.

Muchas veces me acuerdo de esta historia cuando tropiezo con tiranos mezquinos. Trato de respirar y relajarme, centrándome en el Testigo interior, sin permitir que el comportamiento alocado de otra persona destruya mi propia paz interior. Algunas veces tengo éxito y otras no, pero siempre trato de estar agradecida por la lección. Este ha sido uno de los replanteamientos más eficaces para deshacerme del resentimiento, e igualmente para no permitir que otros me hagan dar ira.

Concluir asuntos pendientes

Deshacerse de los resentimientos y de los remordimientos es una forma de librarse del pasado. Sólo podemos disfrutar verdaderamente el presente si disponemos de toda nuestra energía para vivir el momento en lugar de seguir atados a los hilos de asuntos pendientes. Cuando estaba en la universidad, recibí una carta de un novio que tenía cuando iba al colegio. Se llamaba Mark y nunca olvidaré lo que me decía.

Nuestra relación era inestable. Nada de lo que yo hacía parecía complacerlo. Mark no dejaba de declararme su amor y, como la mayoría de los muchachos adolescentes, de presionarme para que tuviéramos relaciones sexuales, pero su comportamiento estaba en desacuerdo con sus palabras. Yo me irrité y me sentí herida cuando rompimos. No entendía cuál había sido mi falta. En la carta, que me envió cuatro años después de nuestra última entrevista, Mark se disculpó por su comportamiento. Me explicó que en ese entonces estaba enamorado de otra chica que se había ido para el internado y que yo simplemente era una substituta. En lugar de disfrutar de mi compañía y aceptarme por lo que era, me había rechazado porque no era ella. Mark se había sentido muy culpable y no me había contado lo que estaba sucediendo en ese momento, pero había tenido remordimientos de conciencia durante cuatro años. Quería decirme que lo sentía. Deseaba concluir ese asunto y olvidarse de él. Siempre tendré buen concepto de él porque fue suficientemente maduro como para confesarme su ofuscamiento y presentarme disculpas.

Los pacientes de la Clínica para la Mente y el Cuerpo que son miembros de los Alcohólicos Anónimos ya están familiarizados con este principio. Uno de los doce pasos de ese programa — las pautas por medio de las cuales pueden superar la adicción — implica hacer un "intrépido" inventario de los errores que han cometido. Luego se disculpan con la persona o las personas involucradas y hacen todo cuanto esté a su alcance por enmendar el mal que hicieron. La vocecita interior que los regaña por ser malas personas puede entonces suspender la letanía de reproches.

Usted puede usar el mismo principio para deshacerse del resentimiento. Escríbale una carta a esa persona diciéndole exactamente lo que ella hizo y por qué usted todavía está enojado. Algunas personas escriben cartas de éstas sin llevarlas al correo. De todos modos les sirve para desahogarse. A otras les parece que enviar las cartas es la mejor elección. Si usted la envía, no espere obtener resultados. Es posible que la otra persona no se dé por aludida o que le cause a usted más disgustos; pero también puede reaccionar y aprovechar la oportunidad para presentarle excusas a usted. De todos modos, ésta es su oportunidad, la posibilidad que tiene de terminar el asunto, sin considerar cuál será la reacción de la otra persona.

En mi trabajo con pacientes cuyo estado es crítico he observado que muchos de ellos quieren espontáneamente arreglar los asuntos que tienen pendientes. Este es el caso de Bob, un ingeniero de unos treinta y cinco años. Bob se estaba muriendo de leucemia aguda y desde el hospital llamó a su ex esposa, que vivía en Nueva York, y le pidió que viniera a verlo. Pasaron una tarde conmovedora, librándose mutuamente de los sentimientos de culpa y de los remordimientos que con frecuencia acompañan a las relaciones cuando éstas terminan. Bob repitió este mismo ejercicio con su padre, con su hermano y con un antiguo jefe. Describió el proceso como algo semejante a echar piedras por la borda del globo de aire caliente, el cual puede entonces remontarse al cielo. La inminencia de la muerte hace que la necesidad de concluir asuntos personales sea muy urgente. Es una pena que no consideremos que vivir nuestras vidas en paz y abiertos al amor es una razón igualmente urgente para despejar el pasado.

El significado del perdón

Perdón es una palabra cargada de emociones y propósitos. Todo el mundo tiene una opinión distinta sobre lo que significa. Para algunos es un mandamiento religioso que suena bien en la teoría pero que es difícil de poner en práctica. Evoca imágenes de Jesús cuando está muriendo en la cruz, y contempla con gran compasión a sus verdugos mientras ruega: "Padre, perdónalos porque no saben lo que hacen". Algunas personas reaccionan muy positivamente a esta imagen. A otras les parece que es desconocer la responsabilidad, y que se convierten en víctimas.

Hay otra forma de entender el perdón que es sana desde el punto de vista teórico y factible desde el punto de vista práctico. Es compatible con cualquier sistema de creencias, tanto seglares como religiosas. *Perdón significa aceptar la esencia de todo ser humano como la suya propia y concederle la gracia de no juzgarlo.* Usted puede saber con certeza si el comportamiento de una persona es aceptable o no sin tener que juzgarla. Los psicólogos les advierten a los padres que jamás deben criticar al niño, sino el comportamiento de éste. "Eres un estúpido" es una afirmación muy diferente de "Tu comportamiento no es aceptable". Si una persona sabe que usted la respeta y valora, los comentarios de usted sobre su comportamiento son bienvenidos; pero si usted ataca el carácter de la persona, ningún comentario, por muy perspicaz que éste sea, será atendido. El perdón comienza con nosotros mismos y se hace extensivo a otros. Admitir que la esencia del propio ser es tan preciosa y maravillosa como la de cualquier otra persona es el mejor regalo que usted puede hacerse jamás.

Aprenda a quererse usted mismo ahora, no después. Aun cuando usted no haya perdido los diez kilos o terminado de arreglar la casa, aunque no lo hayan nombrado director de su departamento, o ganado un Premio Nobel, usted está bien. A veces mis pacientes me dicen que quieren ser como yo. Yo les pregunto, ¿qué tiene de malo ser como ustedes? A mí me hubiera gustado ser como Mozart, pero sucede que carezco totalmente de talento musical. Puedo pasarme el resto de mi vida juzgando mis deficiencias musicales, o puedo darme cuenta de que es fabuloso ser quien soy. El mundo está lleno de diversidad. Eso es lo que lo hace tan maravilloso.

Cuando Myrin y yo nos casamos, nos prometimos mutuamente algo muy significativo. Nos dimos mutuamente una rosa roja, con la promesa de que éramos libres de seguir al Dios que teníamos dentro de nosotros. Esto es perdón. Yo soy libre de ser yo misma. Myrin es libre de ser él mismo. Tardamos cerca de catorce años en entender realmente y poner en práctica esa promesa solemne, pero cada minuto de la lucha valió la pena. Ahora podemos verdaderamente apreciar la singularidad de cada uno de nosotros — ¡al menos la mayor parte del tiempo!

Quizás las descripciones personales más conmovedoras de perdón y aceptación de sí mismo provienen de los estudios del psicólogo Kenneth Ring. En su libro *Heading Toward Omega* [*Encaminados hacia Omega*] escribe sobre el significado que, para las personas que las han vivido, tienen las experiencias de muerte. (Cabe anotar que una encuesta efectuada por George Gallup, Jr., señala que uno de cada veinte adultos norteamericanos ha tenido una experiencia de muerte. Inclusive esta cifra puede ser mayor, ya que mucha gente tiene miedo de compartir su experiencia por temor al ridículo.)

Ring encontró que, si bien es variable, la experiencia de la muerte tiene una serie de sucesos en común. Empieza con una sensación de paz y bienestar extraordinarios, que se perciben como alegría y felicidad inmensas. No se siente dolor; en realidad no se tiene consciencia de ninguna sensación corporal. La persona cuenta que al separarse del cuerpo sale flotando, y que puede observar tanto el cuerpo como las conversaciones a su alrededor de una manera distante. Todo parece muy real y natural, no como un sueño o una alucinación. En algún momento la persona se percata de otra "realidad" y de la presencia de un ser luminoso que irradia aceptación, compasión y amor totales. Las descripciones de la luz son imponentes. En determinado momento, el ser estimula un repaso de la vida que transcurre casi en forma instantánea. Así es como una persona describe la experiencia en el libro de Ring:

No era mi vida la que pasaba delante de mí ni tampoco era una caricatura tridimensional de los sucesos de mi vida. Sentía como si ante mis ojos transcurrieran todas las emociones que alguna vez había experimentado en mi vida; simplemente sentía. Y mis ojos me estaban mostrando la base de la forma en que esas emociones afectaban a mi vida, y la forma en que mi vida había afectado a las vidas de otras personas, tomando como punto de comparación el sentimiento de amor puro que me rodeaba.

Otro sobreviviente de una experiencia de muerte explica:

A uno le muestran la propia vida — y uno mismo se encarga de juzgarla . . . Son las cosas pequeñas — quizás un niño lastimado al que usted ayudó o el simple hecho de haberse detenido a saludar a un inválido confinado en su casa. Cosas así son las más importantes . . . Se le han perdonado todos los pecados; ¿pero puede usted perdonarse a sí mismo por no haber hecho las cosas que debía haber hecho y por las pequeñas trampas que quizás haya hecho en la vida? ¿Puede usted perdonarse a sí mismo? Este es el juicio.

La experiencia revela una realidad en la que todo el mundo se encuentra en un estado en que se siente compasión por todos los demás. El amor es el enfoque principal. En ese estado todo tiene sentido. El dolor y el sufrimiento de la vida tienen su razón de ser y el juicio deja de existir; sólo quedan el amor compulsivo, el calor humano y la aceptación total. Muchos de los que han tenido esta experiencia de la muerte no quieren regresar a la vida tal como la conocemos, pero comprenden que deben hacerlo, que todavía les quedan cosas importantes por hacer. Sin embargo, algunas de las descripciones más asombrosas se refieren a lo que ellos consideran cosas importantes por hacer. La mayoría de las personas cuentan que los logros que habían considerado más importantes — en el trabajo, por ejemplo — carecían de importancia. La cantidad de amor que compartían — expresado en la más mínima forma — era el logro más significativo de toda una vida.

Las personas que han tenido experiencias de muerte a menudo cuentan que se han vuelto mucho más indulgentes con otros — ya no juzgan. Su interés primordial se orienta, en cambio, al amor y a la aceptación de sí mismas y de otras personas. El significado de la vida se replantea por completo. El desafío que esto representa para el 95 por ciento de los que no hemos tenido tal experiencia es claro. *Practique el perdón dándose cuenta de su propia esencia perfecta y de la de los demás.* Si usted no es religioso, puede considerarlo como la aceptación de que la misma consciencia básica — cualquiera que sea su naturaleza fundamental — está presente en todo ser humano. Sólo la individualidad de nuestras experiencias en la vida crea la sensación de que somos distintos. Si usted es religioso, siga la enseñanza básica de toda gran religión. El mensaje de la tradición cristiana es: "Ama a Dios sobre todas las cosas, y al prójimo como a ti mismo". El mensaje que se puede extraer de la tradición oriental es: "Dios habita en tu interior como parte de ti". Por lo tanto, vea a Dios en el prójimo.

Sugerencias para el lector

1. Familiarícese con su propio estilo emocional. El ejercicio de observar sus emociones tiene que serle útil.

2. Acepte sus emociones como algo humano. Recuerde que las únicas emociones negativas son las que usted rechaza, puesto que entonces se privará de la enseñanza que pueden ofrecerle.

3. Afronte sus emociones a medida que surjan; no las almacene. Para hacerlo:
- Póngale nombre a la emoción.
- Respire y retroceda a la posición de observador.
- Estudie por qué se siente de esa manera.
- Reflexione sobre lo que *hizo* con la emoción. ¿La expresó, la exageró, la negó o la reprimió? ¿O aprendió de ella, permitiendo que se convirtiera en una fuerza curativa en su vida?
- Elija el curso de acción más práctico:
  Desaferrarse
  Replantear y buscar una nueva interpretación
  Tomar medidas específicas y necesarias

4. Concluya sus asuntos pendientes. Prepare una lista de los remor-

dimientos y de los rencores que está alimentando. Sea despiadadamente honesto consigo mismo. Es muy fácil creer que uno se ha librado de algo cuando no es así. Haga lo que debe hacer para concluir sus asuntos. Haga llamadas telefónicas, escriba cartas, sea que las envíe o no. Presente disculpas y tome las medidas correctivas, cuando sea necesario, por todo aquello que lamente haber hecho. Cuéntele a la gente cómo se siente realmente.

5. Practique el perdón. Deje de hacer juicios y concédase usted mismo y concédales a los demás la gracia de ser como son, aceptándolos por lo que son, y nos los rechace porque no satisfagan las expectativas de usted.

6. Honre su propio Yo interno y honre el Yo interno de los demás. El significado del saludo oriental *Namaste* es semejante al del saludo hebreo y al del hawaiano. Significa ''Mi Yo interno honra y saluda a tu Yo interno''.

8

La historia de Sam

El desarrollo radical de la ciencia y de la tecnología médicas en los últimos cincuenta años ha redefinido las expectativas de los médicos y de los pacientes. Antes del descubrimiento de los antibióticos, era común que los niños y los adultos jóvenes murieran de infecciones. Por lo general los médicos tan sólo podían ofrecer una travesía segura y llena de atenciones durante el curso natural de la enfermedad.

En comparación, los médicos modernos pueden hacer maravillas. Ahora que es posible controlar la mayoría de las enfermedades agudas, la enfermedad crónica se ha convertido en el problema más común. Inclusive las enfermedades cardíacas, la diabetes y el cáncer pueden ser controlados durante períodos prolongados. No obstante, el resultado final para todos nosotros sigue siendo el mismo. Tarde o temprano todos moriremos. Si antiguamente se consideraba que la muerte era parte natural de la vida, en la actualidad se ha vuelto remota y muchas veces se la percibe como un fracaso de la medicina para obrar milagros. La muerte se ha convertido en el enemigo.

Muchos pacientes acuden a mi consultorio enfrentando la incertidumbre de si podrán ser curados o inclusive de si la muerte podrá mantenerse a raya. Es curioso, pero este estado de ánimo puede conducir a la curación de actitudes, curación que de otro modo habría sido más lenta o quizás no se habría efectuado en absoluto. Cuando los marcos de referencia que nos son familiares se vuelven pedazos por la inminencia de la muerte, una nueva interpretación puede desarrollarse rápidamente.

Algunas de las experiencias más profundas de mi vida han surgido de mi trabajo con gente excepcional a quien la muerte le ha permitido entender más plenamente la vida. Una de estas experiencias de curación que me estimula todos los días es la historia de Sam. La curación fue tanto de Sam como mía. Nos conocimos a finales del invierno de 1983, cuando me llamaron del departamento de psiquiatría del Beth Israel Hospital para una consulta. Sam era un joven médico, de unos treinta y cinco años, que acababa de enterarse de que tenía SIDA. Fue hospitalizado con pulmonía *Pneumocystis carinii*, infección que con frecuencia ataca a los pacientes de SIDA. En medio de la perturbación y la tristeza, Sam había preguntado si alguien en el hospital enseñaba meditación, pues creía que ésta podría ayudarle a lograr la paz interior.

En vista de que la historia de Sam es muy personal, lo mejor es contarla tal como sucedió, en su mayor parte a través de las conversaciones que tuvimos durante el año en que trabajamos juntos. Tal como lo hice con otras historias, he cambiado las fechas, los nombres y los detalles para proteger la identidad de Sam y la de sus seres queridos.

Cuando partí para esta consulta de "paz interior", mi deseo era concluirla cuanto antes, porque estaba empezando a nevar y el viaje en automóvil hasta mi casa era largo. Pensé en posponer la consulta hasta la mañana siguiente, pero luego me puse en el lugar de Sam. El estaba esperando ayuda.

Cuando llegué a la puerta de su cuarto, la encontré llena de avisos de advertencia — instrucciones específicas sobre cómo manejar los productos sanguíneos, las secreciones corporales y las materias fecales. Afuera, a un lado de la puerta, había un carro que contenía batas, máscaras faciales y guantes esterilizados.

Las máscaras eran en realidad para proteger al paciente, en caso de que algún miembro del personal tuviera una infección respiratoria. Inclusive un resfriado podría ser fatal para alguien que estuviera tan débil como Sam. Mientras me ponía la bata, me demoré todo lo posible, preguntándome qué era lo que me esperaba. Estaba asustada. No tanto del contagio, sino de no poder ayudar a alguien en circunstancias tan terribles. Respiré profundamente y entré.

El cuarto se hallaba en penumbra. Una enfermera estaba moviendo el tubo intravenoso de Sam. Docenas de tarjetas revestían las paredes. El sol invernal creaba largas sombras en el cuarto. Sam estaba acostado, pálido y tembloroso, y su pelo rubio, empapado de sudor, se le pegaba a la frente.

Por un momento me quedé parada en la puerta, ordenando mis pensamientos. ¿Era el SIDA contagioso después de todo? El SIDA era todavía un fenómeno reciente, y la ciencia médica no había comenzado aún a descifrar sus secretos. Ni siquiera se había aislado el virus. Pensé en Myrin y en nuestros hijos y me pregunté si yo debía estar ahí. En ese preciso momento Sam abrió los ojos y me vio. Sonrió y me extendió la mano, sacándola de debajo de las cobijas. "Usted es la doctora Borysenko, ¿no es cierto?" Me acerqué a la cama, sonreí y le estreché la mano. Me agradeció que hubiese venido y, con voz muy débil, empezó a contarme su historia.

Sam había estado enfermo durante unos seis meses. Al comienzo, su médico había pensado que tenía hepatitis. A pesar de haber guardado reposo absoluto varios meses, no mejoró; también había desarrollado un caso severo de aftas, una infección micótica, y empezó a sospechar que tenía SIDA. La pulmonía confirmó el diagnóstico. Hablamos sobre cómo pudo haber contraído la enfermedad y sobre sus sentimientos acerca de la misma. Era homosexual y tenía una buena relación. Su estilo de vida no reflejaba en modo alguno el estereotipo de los primeros pacientes de SIDA. Eran excepcionales su franqueza, su dignidad y su confianza, aun ante el temor de la gente y ante los conceptos falsos que había sobre la enfermedad.

Le pregunté por qué me había mandado llamar. Al principio habló en términos científicos, sobre los efectos del estrés en el sistema inmunológico y sobre cómo había llegado a la conclusión de que la respuesta de relajación podría reducirle el estrés y le daría a su sistema inmunológico la mejor oportunidad de recuperarse. Así era como Sam razonaba, pero sus verdaderos sentimientos no tardaron en brotar a la superficie. Mientras hablábamos, apretó mi mano con más fuerza y se puso a llorar.

Luego dijo: "Me he pasado toda la vida buscándoles sentido a las cosas que podría realizar. Me convertí en médico — un buen médico. Pensaba que era buen hijo, buen amigo, y que me había esforzado mucho por establecer una relación. Trabajé toda la vida para obtener seguridad, para adquirir las cosas que todos considerramos importantes. Una casa, un automóvil, suficiente dinero para hacer lo que quiero hacer". Se detuvo para toser y recobrar el aliento; luego se recostó sobre un codo y continuó en voz baja. "También me he sometido mucho tiempo a terapia, tratando de entenderme a mí mismo, pero parece que todo esto no es suficiente. Una parte de mi ser está vacía y anhela algo. Parece que no tengo paz. Por esta razón la mandé llamar. ¿Hay realmente alguna forma de experimentar la paz interior?"

En el cuarto reinaba total silencio, excepto por el inexorable sonido de la máquina IV que le proporcionaba a Sam los antibióticos necesarios para combatir la pulmonía. Pensé en la larga cadena de ceros de la que había hablado mi profesor y de mis propios esfuerzos por encontrar un sentido y la paz interior. Me preguntaba si yo era capaz de hacerle frente a semejante reto. ¿Cómo podría ayudarle a Sam si yo misma no estaba segura de tener las respuestas?

A pesar de las dudas, mis palabras brotaron con tal confianza que nos convenció a ambos. "No le puedo enseñar, porque usted ya tiene paz interior. Pero puedo ayudarle a recordar cómo experimentar ese sentimiento de nuevo". Los dos nos quedamos en silencio, mirándonos fijamente. Muy pocas veces en mi vida he tenido una comunicación tan profunda y estrecha con otro ser humano. Entre nosotros se había establecido una confianza mutua total e inmediata, y esa confianza nos iba a permitir ahondar en nuestro entendimiento común y corriente de la vida.

Le expliqué a Sam las nociones básicas de la meditación. El quería una palabra de enfoque que le recordara de la paz interior que estaba buscando. Se decidió por el mántram de respiración *Ham Sah*, y meditamos durante algunos minutos. El silencio fue interrumpido por la enfermera, que entró para revisar los signos vitales de Sam y ajustar la IV. Mencionó que Sam se veía mucho mejor.

Se estaba haciendo tarde, y hacía rato había oscurecido. La vista de Boston en el horizonte era imponente desde la enorme ventana del cuarto de Sam, especialmente con el telón de fondo de la nieve que estaba cayendo. Sam me miró con una sonrisa especial y tierna — sonrisa que le devolví. Convinimos en que lo visitaría al día siguiente por la mañana, antes de comenzar mi trabajo en la clínica.

Pensé en Sam durante todo el camino a casa, y en lo extraña que era la vida. Acababa de pasar una hora con un hombre joven que estaba luchando contra una enfermedad mortal, y, sin embargo, no estaba deprimida. Hacía mucho tiempo que no sentía tanta paz.

Al siguiente día llegué al hospital y encontré a Sam muy recuperado. Los antibióticos estaban surtiendo efecto y se hallaba sentado en la cama. Ya había hecho meditación temprano en la mañana, y me hizo la acostumbrada pregunta sobre las divagaciones de la mente. Pronto empezamos a hablar de la afición favorita de Sam: deslizarse por una montaña en esquíes. Me contó que estaba consciente de cuánto se le serenaba la mente al concentrarse en las sensaciones del cuerpo, en el equilibrio y en la destreza que exige por el esquí. El solo recuerdo de la experiencia de velocidad y control le llenó el semblante de serenidad. Me dijo que para él la tranquilidad era el trasfondo constante que se reexperimenta cada vez que la mente se desacelera. Nos quedamos en silencio durante un rato, reflexionando sobre los momentos en que realmente sentimos paz espiritual. En el preciso momento en que estaba reviviendo un extraño recuerdo de mi infancia, la voz de Sam me sacó de mi ensueño.

"¿Cree usted que la mente puede detenerse a causa de un miedo intenso? ¿Si uno está totalmente concentrado en el miedo, puede esta experiencia transformarse en paz?" Qué extraño que hiciera esa pregunta. Estaba íntimamente relacionada con el recuerdo de la niñez en el cual había estado pensando, de modo que empecé a hablar de éste.

Cuando yo tenía tres o cuatro años, me hallaba un día jugando con mi padre en una piscina. El era una tortuga y yo una sirena montada en sus espaldas. De repente me resbalé y de puro susto contuve la respiración mientras me deslizaba por la espalda de mi padre hacia el agua. De pronto dejé de sentir miedo. Estaba flotando boca abajo en el agua, disfrutando de la forma en que la luz filtrada por el sol jugaba y bailaba en el agua, viendo cómo cada rizo resplandecía con la luz. Algún nadador pasaba por encima, produciendo sorprendentes corrientes de agua. Entre tanto, se me había olvidado sentir miedo. La súbita sorpresa de encontrarme en un mundo tan fascinante había detenido mi mente por completo.

Sam movía la cabeza de un lado para otro, haciendo rápidas asociaciones entre mi historia y un libro que su amante, David, le había estado leyendo, *Heading Toward Omega* de Kenneth Ring. A Sam le asombraba el hecho de que a pesar de que las percepciones de la gente que había tenido experiencias de muerte eran diferentes, había una experiencia común. "Por ejemplo", dijo, "uno revive toda su vida en cuestión de segundos. Qué extraña es la percepción del tiempo. Es increíble pensar que el cerebro pueda revivir tal cantidad de información de una manera tan consciente en lo que literalmente deben ser unos pocos segundos".

"Mmm", lo interrumpí. "También yo he pensado mucho en eso. La meditación realmente pone de relieve la relatividad del tiempo. A veces diez minutos parecen una hora, y otras veces una hora parece transcurrir en un minuto. Einstein dijo que cuando uno está sentado en una estufa caliente, dos minutos parecen dos horas, pero que cuando uno está en los brazos del ser amado, dos horas parecen dos minutos, ¿no es cierto?"

Ambos nos reímos, y luego Sam siguió hablando, mientras cambiaba de posición y pasaba los brazos alrededor de las piernas para poder apoyar la mandíbula en las rodillas. Tenía la mirada perdida en el espacio. "Después de ver pasar su vida de nuevo estas personas cuentan que ven una especie de túnel que les parece muy agradable", prosiguió. "Cuando salen del túnel se encuentran dentro de una luz plena de paz y totalmente acogedora, la cual reconocen instantáneamente como amor incondicional. Es algo parecido a lo que le ocurrió a usted en la piscina. No sienten miedo, no discuten sobre lo que están perdiendo allá en la tierra, simplemente se entregan a ese amor, a esa paz y a esa belleza increíbles. En este punto, la experiencia varía. Las personas pueden ver a familiares ya fallecidos o a santos y a figuras religiosas. Luego sigue una especie de reconocimiento o comunicación de que todavía no es hora de partir, y son llevadas de regreso por el túnel y reintegradas a sus cuerpos".

Suspiré, y estuve a punto de contarle a Sam una histora sobre un científico que había conocido unos meses antes, pero cambié de idea. Primero quería oír más de él. "¿Qué piensa usted de esos relatos, Sam? ¿Tienen algún sentido para usted?"

Hizo una señal afirmativa con la cabeza. "Creo que sí. Por otra parte, recuerdo que hace algunos años leí un artículo en *Psychology Today*, que trataba de reducir aquellas experiencias a una especie de truco preprogramado de las células cerebrales que están muriendo. Una forma de lograr morir en paz. Sin embargo, aunque esto fuera verdad, es difícil atribuirle al azar un designio tan maravilloso — el último videojuego del espectáculo —. Yo tendría que creer que un programa tan excepcional fue creado por alguna fuerza inteligente y llena de amor, y en ese caso el asunto es discutible. De todas maneras estamos hablando de Dios. Entonces ¿qué objeto tiene inventar teorías? Si algunas personas han tenido esta experiencia, quiero saber más al respecto. Ciertamente todo esto despierta mi interés sobre lo que es la muerte".

Nos miramos y dijimos al mismo tiempo: "Y sobre lo que es la vida". Ambos reímos con alivio. El arrobamiento se interrumpió por un momento y me levanté para estirar las piernas y admirar el magnífico arreglo de anturios — unas flores de un rojo brillante, en forma de corazón y de aspecto ceroso — que estaba en una mesa junto a la ventana del cuarto. Yo recordaba haber visto anturios en un viaje que hice a Hawai, donde se producen en abundancia. También había tenido una planta de anturio durante años, la cual florecía de vez en cuando. La semejanza entre las flores y los corazones parecía captar el ánimo del momento. Sam y yo hablamos de su hermano, quien le había enviado el arreglo. Sam tenía muchos buenos amigos y una familia bien dispuesta a brindarle apoyo.

"Hace unos minutos, cuando hablábamos de las experiencias de muerte, usted comenzó a decir algo. ¿Qué era?", dijo Sam.

Tuve que hacer una pausa. Casi nunca me atrevo a penetrar en el ámbito de lo espiritual con los pacientes, y eso me hacía sentir incómoda. Soy terapeuta, no sacerdote. Analizamos mis sentimientos y llegamos a la conclusión de que el trabajo que Sam y yo estábamos realizando era diferente de la terapia tradicional. Ambos éramos tanto maestros como discípulos. Decidí ver a Sam en mi tiempo libre y no como paciente. Cuando tomé esa decisión, sentí que podía continuar con mi historia.

Comencé a relatarle el viaje que había hecho para asistir a una conferencia científica donde conocí a un prominente inmunólogo llamado Dan. Aparentemente fue casualidad que nos encontráramos en la cafetería del hotel antes de que comenzaran las sesiones de la mañana. La cafetería estaba atestada y la gente había empezado a compartir las mesas. Cuando Dan se sentó, nos presentamos y dijimos algunas palabras sobre lo que hacíamos. Cuando se enteró de que yo estaba interesada en las interacciones entre la mente y el cuerpo y en explorar la mente por medio de la psicología y la meditación, se quedó pensativo. Luego me pidió permiso para contarme una historia que lo había perturbado profundamente. Dan todavía no sabía qué conclusiones sacar de lo ocurrido y pensó que tal vez yo podría ayudarle.

Varios meses antes, Dan había sido hospitalizado con dolores abdominales agudos, y le habían ordenado varios exámenes. El analgésico que le habían suministrado para calmarle el dolor aparentemente le había caído mal, y el cuerpo se le había puesto caliente e inquieto. Dan había empezado luego a sentirse invadido por una extraña energía y a experimentar la rara y compulsiva sensación de que su ser subía hasta la coronilla y se salía por un hueco cerca de la parte posterior del cráneo. Me describió la sensación con los ojos muy abiertos y con muestras de asombro.

"Yo — es decir la parte de mí que piensa y siente, lo que yo calificaría como mi identidad — se elevó y salió de mi cuerpo. Estaba flotando a la altura del cielo raso, mientras miraba al cuerpo sudoroso que yacía abajo, como si lo estuviera viendo en una película. Recuerdo que la parte superior de las molduras estaba muy sucia y que pensaba decírselo más tarde a la enfermera. Entre tanto los oí por casualidad discutir mi caso en el pasillo. Simplemente floté a través de la pared, sin que ésta me pareciera una barrera, y puse cuidado a la conversación. Percibí claramente que el internista estaba preocupado por problemas de tipo familiar y que no me proporcionaría la atención que yo requería. Estaba seguro de ello. No me pregunte cómo. Simplemente lo sabía, clara y absolutamente. En ese momento también tenía la firme impresión de saber cuál era la causa de mi problema. El dolor que tenía se debía a una infección renal que nada tenía que ver con el tracto gastrointestinal. En ese momento sentí un fuerte tirón hacia mi cuerpo y tuve la sensación de meterme nuevamente en él a través de la parte posterior del cráneo.

"Luego cometí el error de tratar de discutir mi experiencia con el internista, que quería prescribirme sedantes. El pensaba que yo tenía alucinaciones causadas por la droga y llamó al departamento de psiquiatría para solicitar una consulta. Mientras tanto me levanté, me vestí, robé mi gráfico, llamé un taxi y dejé el hospital AMA* — en contra del dictamen médico. Le pedí al taxista que me dejara en un hospital ubicado al otro lado de la ciudad, donde yo conocía a uno de los internistas del personal. La suerte quiso que él estuviera de turno cuando llegué. Le expliqué mi presentimiento, el cual resultó correcto. No le di explicaciones sobre la fuente de mi presentimiento, ya que no estaba muy convencido de que la mayoría de la gente me creería".

Su relato cautivó mi atención, pero mientras lo escuchaba me preguntaba por qué me estaba contando todo eso a mí — una completa extraña. Bernie Siegel explica tales fenómenos placenteros aparentemente casuales con la humorada de que la coincidencia no es más que la forma de permanecer Dios en el anonimato. Puede que así sea. Le pregunté a Dan qué pensaba de esta experiencia — si había cambiado su concepto de sí mismo. Se rió y dijo:

"Esa es la subestimación del siglo. Ya no me es posible suponer que sólo soy un cuerpo. El cuerpo era más bien una muda de ropa que me quitaba al final del día. El yo esencial era independiente del cuerpo. De eso estoy absolutamente seguro. Fuera de eso, no sé qué pensar, excepto que tengo que saber más al respecto".

Continuamos hablando sobre descripciones de la literatura espiritual y la literatura sobre experiencias de encuentros cercanos con la muerte, que guardaban similitud con su historia. Aunque mucha gente ha tenido experiencias parecidas, lo mismo que Dan, prefieren no hablar de ellas. Era muy importante para él saber que no estaba solo.

---

* American Medical Association (*N. del T.*).

Cuando terminé de contarle a Sam la historia de Dan, le dije: "Dan y yo tuvimos una conversación muy semejante a la que hemos sostenido ahora. A veces lo dudo. Es cierto que no tengo respuestas para estas cosas; sin embargo, la pregunta sobre qué es la mente, qué es el cuerpo, qué es el espíritu, parece surgir a cada instante. Es bastante confuso. De todos modos, le dije a Dan que leyera el libro de Gary Zukov, *The Dancing Wu Li Masters*, sobre la nueva física y la consciencia. Es posible que a usted también le guste". Hice una pausa, reflexionando sobre mi larga búsqueda del significado de la vida. "De nuevo nos adentramos en el tema del científico que trata de entender el espíritu. Todo esto parece no tener relación con la ciencia, y, sin embargo, los científicos han logrado ponerle límites estrechos a la mente que sólo pueden ser superados, superando los conceptos".

Me dió un poco de vergüenza por haber hablado tanto, pero Sam sólo me miró y, con gran ternura, me dijo algo que me hizo brotar lágrimas — algo que siempre recordaré: "Sus hijos realmente deben quererla". Mi historia iba dirigida a su mente, pero le había llegado al corazón.

Con frecuencia, nuestras reuniones eran apacibles y no tenían límites de tiempo, como en esta ocasión. En otras, la conversación giraba alrededor de problemas inmediatos, de la realidad de su enfermedad. El SIDA es la más difícil de todas las enfermedades que enfrenta la gente. Como casi siempre se transmite sexualmente, y como se originó más que todo en la población homosexual, a algunas personas les ha producido los peores temores y sentimientos de inseguridad. Quienes piensan que Dios es un ser punitivo, conciben el SIDA como un castigo divino. Tener que enfrentarse a un temor tan mezquino es una carga adicional para los pacientes de SIDA. Sin embargo, aun esta carga adicional permite hacer nuevos replanteamientos, porque a menudo les ayuda a quienes padecen la enfermedad a reexaminar sus creencias religiosas, a realizar una evaluación de su vida y a empezar a explorar, o continuar explorando, sus conceptos de la vida.

Otra dificultad que los pacientes de SIDA deben afrontar es el carácter imprevisible del curso físico de la enfermedad. Algunas personas siguen disfrutando de una salud relativamente buena durante un período prolongado. Otras sufren muchas enfermedades

y contrariedades y mueren rápidamente. Por su carácter impredecible, el SIDA trae a colación todas las preguntas que tenemos
respecto a cómo controlarlo y la total impotencia producida por la
sensación de que la enfermedad está ganando la batalla. La pérdida
de peso es un factor común, que ocasiona cambios dramáticos en
el aspecto físico. El caso de Sam se agravó por la aparición del
sarcoma de Kaposi, cáncer que prácticamente sólo ataca a las
personas cuyo sistema inmunológico está gravemente debilitado,
como en el caso de los pacientes de SIDA. En la etapa inicial de la
enfermedad de Sam, los tumores purpúreos se le extendieron por
la cara y el tórax, recordándonos constantemente que su estado era
grave. Muchas de nuestras conversaciones se concentraban en el
desconsuelo de Sam por su salud y por las oportunidades que había
perdido. En muchas de nuestras reuniones hablábamos muy
poco — simplemente nos sentábamos juntos, y permanecíamos
en silencio la mayor parte del tiempo.

Sam permaneció en el hospital dos semanas. El último día de
su estancia allí lo visité poco antes de que saliera. Se veía estupendo;
vestía sudadera azul y zapatos de tenis blancos. Parecía una persona
normal, no un paciente. Yo sabía muy bien que en los meses
venideros Sam se debatiría entre estas dos identidades en forma
muy dolorosa.

Mientras hablábamos, Sam me comentó cuán cambiantes eran
sus emociones. A ratos se perdía emocionalmente en la soledad
del temor. Otras veces se sentía transportado a las alturas de la
inmortalidad — transportado por el profundo convencimiento de
que Dios es la consciencia viviente del amor y que inclusive el SIDA
es parte del plan, la oportunidad de romper las barreras y construir
puentes de regreso hacia Dios. Recuerdo que me sentí plenamente
identificada con lo que él decía. A veces todo tenía sentido; parecía
la gracia divina; otras, me preguntaba si todo aquello no era más
bien una especie de ilusión.

Mientras recordábamos nuestra experiencia de las dos semanas
anteriores, le hablé de las fascinantes teorías del físico belga Ilya
Prigogine, ganador del Premio Nobel en 1977. Recuerdo que en
las clases de física del colegio me enseñaron que el universo supuestamente está en vías de decadencia, según la segunda ley de la
termodinámica. En otras palabras, el orden necesariamente dege-

nera en caos. Si llego a dudar de esto, ¡sólo tengo que echarles un vistazo a los cuartos de mis hijos para comprobar que es cierto! De mi época de colegio también recuerdo que los sistemas vivientes refutan esta ley, puesto que siempre se están desarrollando sistemas más complejos. Prigogine demostró que el aliciente para crear orden del desorden es exactamente lo contrario de lo que uno podría imaginarse. En realidad, son los obstáculos los que estimulan la creación de nuevas estructuras a nivel atómico y nuevos significados a nivel personal.

La teoría de Prigogine de las "estructuras disipadoras" afirma que las perturbaciones pequeñas que se presentan en un sistema pueden ser amortiguadas, algo así como empantanadas por el statu quo, de modo tal que en realidad no se produce cambio alguno. Pero si el obstáculo es lo suficientemente grande, si la perturbación es suficientemente fuerte, el sistema no puede asimilar el shock. En este punto se le da toda la estructura a la oportunidad de experimentar un cambio asombroso, una evolución que él llama "escape a un orden superior". Ciertamente el SIDA constituye un obstáculo muy grande.

Después de regresar a su hogar, seguimos en contacto por teléfono, y a veces nos veíamos en restaurantes o en su casa. Durante las tres veces que estuvo hospitalizado en el transcurso del año, nos vimos con mucha frecuencia. En una ocasión le dio una grave infección de herpes. Luego tuvo un segundo ataque de pulmonía, que fue motivo de gran preocupación, puesto que muchos pacientes de SIDA no cuentan con las reservas necesarias para combatir la enfermedad por segunda vez. En la última ocasión, Sam luchó contra una infección intestinal. También tenía otra serie de problemas médicos, sin mencionar los efectos secundarios producidos por la droga interferón. Siempre se mostraba dispuesto a luchar por su vida. Amaba la vida. Sin tener en cuenta las probabilidades de éxito del tratamiento, siempre estaba dispuesto a ensayarlo. Pensaba que aun cuando a él no le ayudara, algo útil podría aprenderse en beneficio de otros.

En el otoño, muchos meses después de haberse iniciado la enfermedad de Sam, Steve Maurer y yo decidimos ofrecer un programa para la mente y el cuerpo exclusivamente para pacientes de SIDA. El suplicio de Sam — a la luz de las nuevas explicaciones que había proporcionado — era conmovedor. Yo quería ayudarles a otras personas que estuvieran en la misma situación. Algunos de mis colegas expresaron su preocupación por el hecho de que me estaba comprometiendo demasiado con este problema. Temían que pudiera correr el riesgo de una infección por el contacto repetido con todo un grupo de pacientes de SIDA. Discutí el asunto con Myrin y con Steve Maurer, quien recientemente se había asociado conmigo para ayudarme a manejar los grupos para la mente y el cuerpo y con quien planeaba dirigir los grupos de pacientes de SIDA. Steve coincidía conmigo en que hay ocasiones en la vida, luego de verificar los datos, en que uno tiene que confiar en su propio coraje para tomar la decisión final. Ambos pensábamos que el riesgo de infección era mínimo.

Fue excepcionalmente difícil manejar al grupo. Los ánimos estaban al rojo vivo. Los hombres a veces estaban de mal humor y profundamente tristes, y muchos se hallaban gravemente enfermos. El grupo comenzó con diez hombres. A la tercera semana, cuatro habían sido hospitalizados con diversas infecciones o estaban demasiado enfermos para asistir a las sesiones. Cada semana se hacía evidente la fragilidad del cuerpo humano y la esperanza del espíritu humano. Cualquier problema personal que Steve y yo tuviéramos parecía poco importante en comparación con lo que estos hombres estaban sufriendo.

Nuestro grupo funcionó durante ocho semanas, casi hasta finales del invierno. En la séptima semana, Larry, aparentemente el miembro más sano del grupo, fue hospitalizado con una severa pulmonía. Larry era un ser realmente encantador. Siempre tenía un chiste y una sonrisa a flor de labios. Entregado en cuerpo y alma al cambio social, era un miembro activo de la comunidad. Durante varios años, Larry también había estado profundamente interesado en la vida espiritual y compartía abiertamente con el grupo sus pensamientos sobre el tema. Era difícil creer que tenía SIDA. El peso de Larry se mantenía estable, y él seguía trabajando y tenía muy buen aspecto. Por su actitud positiva, todos abrigábamos la esperanza de que sería una excepción a las sombrías estadísticas. Así que me conmoví mucho cuando Sam me llamó un lunes por la mañana para contarme que Larry se encontraba en la unidad de cuidados intensivos con pulmonía...

Sam me dijo con voz entrecortada: "Joan, quiero ir al hospital y acompañar a Larry; está tan enfermo que piensan que no se recuperará. Lo tienen en un respirador. No puede hablar. Su hermano me contó que estaba muerto de miedo cuando lo hospitalizaron. Trataron de ponerse en contacto con usted por el altavoz, pero usted ya se había marchado para pasar el fin de semana fuera de la ciudad. Quiero estar con él y tomarle la mano. Quiero decirle que no tenga miedo".

Sam sollozaba sin parar, deshecho de dolor en el otro extremo del teléfono. La enfermedad de Larry se había desarrollado con mucha rapidez. Yo estaba desconcertada. Me había negado a pensar en la posibilidad de que Larry o Sam murieran, de que era algo que tenía que ocurrir. Hice un gran esfuerzo por contener las lágrimas.

"Sam", le dije suavemente, "sé que estás muy afligido, sé cuánto amas a Larry y cuánto significa para ti, pero no puedes entrar en la unidad de cuidados intensivos. El aire está lleno de bacterias *Pneumocystis*. No puedes exponerte de esa manera".

Sam continuó llorando en el otro extremo del teléfono como si se le fuera a romper el corazón. El SIDA lo había privado de su salud; ahora le quitaba la oportunidad de consolar a su amigo. Sus lágrimas eran por Larry, por sí mismo y por todas las desgracias que los seres humanos tienen que sufrir.

Convinimos en que yo iría a la unidad de cuidados intensivos para llevarle a Larry el consuelo y el amor de Sam. Sam iría más tarde a mi oficina, y entonces meditaríamos juntos.

Recorrer el corto trayecto hasta la unidad de cuidados intensivos fue difícil — yo sentía demasiada pena. Me detuve en el puesto de la enfermera para averiguar en qué cuarto estaba Larry. En la mesa había un pequeño árbol de Navidad iluminado, y parecía un símbolo particularmente vacío en ese momento. Entré al cuarto de Larry, y lo que vi me tomó totalmente desprevenida. Le estaban dando respiración artificial mediante un respirador, conectado por un tubo endotraqueal. Los pulmones de Larry habían dejado de funcionar. La máquina siseaba constantemente, y este ruido se mezclaba con el sonido de un hermoso canto proveniente de una grabadora que se hallaba al otro lado del cuarto. Posteriormente me enteré de que el hermano de Larry les había solicitado a las enfermeras que tocaran continuamente la canción favorita de éste para ayudarlo a permanecer en paz.

Los ojos de Larry estaban abiertos y tenían un aspecto vidrioso. Tenía los labios partidos y secos. Le habían administrado una droga que lo paralizaba para que su propia respiración no interfiriera la acción del respirador. Hice un gran esfuerzo por no perder la serenidad, mientras me repetía una y otra vez que ése era el cuerpo de Larry — no Larry.

Era imposible determinar si estaba consciente o no, puesto que se hallaba paralizado por la droga. Sin embargo, aunque estuviera inconsciente, yo sabía que podía oírme. Muchos pacientes que han sido anestesiados para la cirugía detallan posteriormente conversaciones que tuvieron lugar en la sala de cirugía. Arrimé una silla y me senté cerca de la cabecera de la cama. Tomé su mano tiesa e hinchada en la mía y se la acaricié.

Al comienzo no pude hablar, estaba demasiado trastornada. Dije una pequeña plegaria y busqué restablecer mi equilibrio emocional con una breve meditación. Luego le di a Larry el mensaje de Sam — cuán significativa era la relación entre ellos, y cuánta fortaleza había obtenido Sam de las conversaciones de Larry sobre sus temores, sus esperanzas y sus creencias espirituales. Luego le hablé a Larry de Elisabeth Kübler-Ross, la psiquiatra que ha escrito sobre la muerte y sobre el acto de morir. Al recorrer un abandonado campo de concentración nazi, la había horrorizado la perspectiva de ver los cuartos donde se habían alojado los niños antes de su exterminio. Esperaba ver señales de temor y odio, pero sólo encontró las paredes rayadas con cuadros de mariposas — símbolos del espíritu.

Hablé del tema favorito de Larry — el amor y la gracia divina — y hablé del temor. El suyo, el mío, el de Sam. Le dije que esperaba que ya hubiera cruzado la puerta del temor e ingresado en el lugar de la paz; yo estaba recordando mi propia experiencia de hacía muchos años en el fondo de la piscina. No pude continuar. Lloré abiertamente. Luego me senté durante largo rato en silencio, escuchando la extraña armonía del canto y del respirador. Me iba llenando de una gran paz. Estaba convencida de que Larry había encontrado la paz.

Cuando regresé a mi consultorio, Sam me estaba esperando.

Le hablé de la visita. Nos tomamos de la mano y lloramos en silencio durante un rato. En ese momento entró Steve, y los tres meditamos juntos. En el ambiente había mucha paz. Sam salió de la meditación con la misma sensación que yo había tenido — que Larry lo estaba pasando muy bien. Cuando Sam se levantó para marcharse, noté que llevaba la misma sudadera azul con que había dejado el hospital luego de su primer ataque de pulmonía en el invierno anterior. Se veía muy cansado y a duras penas podía mantenerse en pie. Lo ayudé a tomar el ascensor y luego lo llevé hasta el taxi que lo estaba esperando a la salida del edificio. Ambos tiritábamos por el frío viento de diciembre, conscientes de cuán tenue era la vida.

Sam se estaba debilitando progresivamente, y una infección intestinal crónica agravaba más aún su pérdida de peso. Lo hospitalizaron por última vez a comienzos de la primavera, poco más de un año después de habernos conocido. Tenía muy poca energía, y con frecuencia se mostraba confundido. También estaba asustado.

Un jueves, a finales de la tarde, me detuve a verlo antes de salir del hospital. Parecía un niño, hecho un ovillo en la cama, sujetando las frazadas a su alrededor. Al verme se puso a llorar; me dijo cuánto sufría, especialmente durante las interminables noches. Pese a que contaba con el apoyo de un querido amigo que lo acompañaba toda la noche, su miedo era intenso. Se la pasaba señalando hacia su corazón, hablando de una terrible opresión en el pecho. "Es como si todo el miedo al que me he estado aferrando toda la vida estuviera tratando de salir de una vez. Mi temor a la intimidad, de no ser lo suficientemente bueno, de todo, quiero deshacerme de todo ese miedo. Espero poder deshacerme de todo". Me miró con gran anhelo. En el primer momento no supe qué decir.

Me acordé luego de un *yantra* — enfoque visual para la meditación — que vi por primera vez en forma de insignia de un grupo espiritual cristiano con el que Myrin y yo habíamos estudiado durante varios años. Es un cuadrado dentro del cual se encuentra un círculo. Dentro del círculo hay un triángulo, y dentro de éste hay una cruz. Muchos grupos usan variantes de este símbolo, entre ellos los Alcohólicos Anónimos y varios grupos médicos que utilizan la adaptación pintada por Leonardo da Vinci — un hombre parado en forma de cruz en el centro, yuxtapuesto en la figura de un hombre con las piernas y los brazos extendidos en forma de triángulos. El hombre está parado dentro del círculo, el cual, a su vez, está encajado dentro de un cuadrado. En muchas culturas se encuentran figuras así, y son ejemplos de arquetipos; su significado trasciende las limitaciones culturales. Ese yantra es un símbolo universal del Yo. Sin dar explicaciones, lo dibujé para Sam con un marcador mágico en el reverso de un plato de cartón y le dije que sólo lo mirara, que dejara que lo absorbiera cuando el temor lo asaltara por la noche.

El viernes, en las primeras horas de la mañana, fui a ver a Sam. Se veía mucho más calmado. Me contó que el yantra había tenido un efecto confortante. Me dijo que toda su familia iría a verlo, pues sabían que el final estaba acercándose. Me pidió que fuera al hospital el domingo para estar con ellos. Me sentí profundamente conmovida por el hecho de que me considerara parte de su familia.

El viernes por la noche me sentía terriblemente nerviosa y empecé a rondar por la casa como un gato. Revolví cajones en busca de un viejo medallón que tenía la forma del yantra que había dibujado para Sam. Finalmente lo encontré en un viejo cofre de joyas. Estaba rayado y carcomido por los años.

Esa noche permanecí mucho tiempo sentada, sosteniendo el medallón y preguntándome cómo se las arreglaba la gente para conservar la fe en un mundo tan lleno de sufrimiento. Mi propia fe parecía irse y volver al igual que las mareas. Mi fe fue inquebrantable durante mi infancia; después se fue desvaneciendo en la lejanía durante la adolescencia, para retornar con más fuerza que nunca cuando conocí a Myrin. Después de unos años se había vuelto a desvanecer entre una multitud de dudas, y antes de conocer a Sam se hallaba en un punto muy bajo. Tarde en la noche, recé una plegaria por Sam, por mí, por todos nosotros. Luego guardé el medallón en mi billetera y me fui a dormir.

El domingo amaneció claro y fresco. Era una de esas hermosas mañanas de comienzos de primavera que nos hacen recordar lo largo que es el invierno. El aire olía a tierra y las puntas de color púrpura de los azafranes se estaban asomando por entre los trozos de madera junto al camino que conducía a la casa. La primavera era la estación predilecta de Sam, y a él le encantaban los azafranes y las azaleas.

El interior del automóvil estaba acogedor y cálido. Las llantas para la nieve todavía estaban puestas, y su zumbido familiar era bastante reconfortante. Cuando iba conduciendo el coche hacia el hospital, me quedé absorta en la historia de Sam, pensando en los cambios que ambos habíamos experimentado a lo largo del año que acababa de transcurrir. Pese a todos mis logros, en lo más profundo de mi ser todavía me sentía insegura. Yo había perfeccionado una máscara exterior tan convincente que a veces perdía el contacto con lo que se encontraba detrás de ella. El hecho de estar con Sam me había obligado a resolver mi propia crisis de fe y había renovado mi conexión con el Yo interno. Sam fue un puente para mí, y yo lo fui para él. Con todos estos pensamientos y sentimientos rondando por mi mente, desde mi interior brotó el viejo spiritual "Amazing Grace". Empecé a cantarlo una y otra vez hasta que llegué al hospital.

En la sala de espera de la unidad de cuidados intensivos, a donde había sido trasladado Sam el sábado, me encontré con su hermano y su cuñada. Me contaron que Sam estaba empeorando rápidamente, pero que todavía estaba consciente. Juntos entramos a la habitación; allí se encontraban los padres de Sam y David, además de dos o tres amigos cercanos. Sam estaba pálido. Se veía muy pequeño, achicado por un enorme equipo de monitoría cardíaca. Una unidad de sangre entraba gota a gota en uno de sus brazos. El contenido de varias botellas IV le entraba gota a gota en el otro. Cuando me acerqué a su cama me extendió los brazos, y me incliné para darle un abrazo. Luego me acordé del medallón que había guardado en mi billetera. Quería que descansara sobre su corazón, pero se me había olvidado traer una cadena. Uno de sus amigos encontró un pedazo de cordel, e improvisamos un collar. Me agaché y se lo coloqué con mucho cariño alrededor del cuello. Con los ojos cerrados, Sam tomó el medallón y lo sostuvo en la mano por un momento. Entonces sucedió algo asombroso. Abrió los ojos y sonrió, y luego me pidió que cantara "Amazing Grace".

Me quedé estupefacta. Fue sólo mi sobresalto el que me permitió superar la vergüenza que sentí cuando me pidió que cantara ese *spiritual* en un cuarto lleno de personas casi desconocidas. Sabía que tenía que deshacerme de ese sentimiento. Al cantar, cada palabra iba adquiriendo todo un mundo de significado. Cuando llegué a la estrofa "Through many dangers, toils and snares I have already come, 'Twas Grace that brought me safe this far, 'Tis Grace shall lead me home'' [''Ya he pasado por muchos peligros, penalidades y decepciones, Fue la Gracia Divina la que me trajo sano y salvo hasta acá, Es la Gracia Divina la que me llevará a mi hogar''], sentí una paz tan profunda como nunca antes había experimentado. Siempre que mi fe tambalea, tan sólo tengo que recordar este momento. Cuando terminé, el cuarto estaba en completo silencio, y Sam invitó al grupo a tomar parte en una breve meditación.

Cuando la meditación concluyó, Sam hizo algo extraordinario: Fue llamando uno por uno a los seres más importantes de su vida para que se acercaran a su cama. Luego simplemente les habló desde el fondo de su corazón. Les dijo cuánto los amaba; les pidió que le perdonaran cualquier pena que les pudiera haber causado, y los perdonó de la misma manera. Me faltan palabras para expresar los sentimientos que mi corazón albergaba al observar este increíble acto de curación y gracia divina.

Cuando Sam terminó, se recostó para descansar, y David pusó cintas de la música favorita de Sam. Toda la tarde la familia y los amigos entraron y salieron del cuarto, recordando el pasado, llorando, hablando con Sam y entre sí. Me sorprendí cuando de una de las cintas surgió la voz de Leontyne Price cantando ''Amazing Grace''. No sabía que era una de las canciones favoritas de Sam.

Al anochecer ya era hora de irme a casa. Por úlima vez le di a Sam un beso de despedida. Durante los días siguientes seguí en contacto por teléfono con el hospital, pues tuve que ausentarme por cuestiones de trabajo. Sam se debilitó paulatinamente, hasta que murió aquel miércoles al mediodía en los brazos de su padre.

El oficio religioso conmemorativo iba a celebrarse la siguiente semana. David había preparado un oficio extremadamente conmovedor, con música y lecturas espirituales que captaban la esencia de Sam. Yo habría de escuchar la grabación meses después, pues el día del oficio religioso me encontraba en Nueva Orleáns. Sentí mucho no estar presente. La noche del oficio, Myrin y yo estábamos recorriendo las estrechas calles del Barrio Francés. Al cruzar a la derecha por una calle lateral tenuemente iluminada, alcancé a ver a un saxofonista en la puerta de una casa. Nos siguió con la vista mientras nos dirigíamos hacia él. Levantó lentamente el instrumento hacia sus labios, cerró los ojos y empezó a tocar ''Amazing Grace''.

Pocas semanas después de la muerte de Sam, almorcé con una de sus amigas más cercanas, una mujer que le había brindado un inestimable y tierno apoyo durante toda su enfermedad. Me entregó un pequeño paquete, un regalo de la familia de Sam. No me podía imaginar lo que era. Desenvolví el paquete, levanté la tapa de cartón y encontré un estuche de terciopelo azul del tipo que usualmente contiene joyas. Seguía sin tener la más remota sospecha de lo que había dentro.

Cuando levanté la tapa, un rayo de sol cayó sobre la esquina de un objeto cuadrado de oro que por un momento brilló como el Sol. Era el yantra. La familia lo había mandado engastar en oro. Aun en el momento de escribir estas líneas, los ojos se me vuelven a llenar de lágrimas. Al igual que el medallón, mi fe había sido renovada. Al igual que Sam, yo también me había renovado.

La historia de Sam llegó a su punto culminante el día en que recibí aquel símbolo renovado del Yo. Era Viernes Santo. La cruci- fixión y la resurrección no son simplemente una historia que sucedió hace dos mil años. Son los arquetipos de la historia de la humanidad en plena marcha, para derribar los muros y construir los puentes que nos unen, a cada uno de nosotros, con nuestro propio ser interior — cualquiera que sea la forma en que experimentemos ese atributo divino que llevamos en el interior — y a cada uno de nosotros con los demás. Esta es la curación en su sentido más cabal.

Epílogo

Atar todos los cabos: Doce breves puntos para recordar

1. No es posible controlar las circunstancias externas de la vida, pero se pueden controlar las reacciones a ellas.
Cuando usted enfrente circunstancias adversas, recuerde sus opciones:

(a) Replantee la situación como un desafío en lugar de considerarla como una amenaza. De esta manera usted reconoce y alimenta su propia fortaleza interior, aun cuando esté afrontando duda e incertidumbre. La adversidad es el crisol en que se forja el espíritu.

(b) Su respiración siempre está con usted; le sirve de clave para la autoconsciencia y le recuerda que tiene opciones. En circunstancias estresantes es fácil olvidar que aunque cambien las circunstancias hay un lugar inmutable y apacible en su interior — el Yo interno — que conserva la capacidad de observar las constantes películas de la mente sin identificarse totalmente con ellas.

(c) Inspire y bote todo el aire. El siguiente respiro llega automáticamente, y el diafragma vuelve a su posición original. Haga el conteo regresivo, de diez a uno o de cinco a uno, o recuerde *Ham Sah* (yo soy el yo que observa). El empleo frecuente de tales respuestas de minirrelajación a lo largo del día ayuda a reforzar la sensación de control y opción.

2. Una salud óptima es el producto de factores tanto físicos como mentales.
Incluya como objetivos que debe alcanzar:

(a) Hacer ejercicio durante veinte minutos por lo menos, como mínimo tres días a la semana. De acuerdo con su condición física, los ejercicios pueden ser aeróbicos o de estiramiento. Los ejercicios de yoga pueden hacerse en su totalidad o unos pocos a la vez, varias veces al día.

(b) Comer conscientemente. Permítale a su organismo regular su dieta y no sea esclavo de su estado de ánimo. A menos que el médico haya prescrito una dieta especial, la mayoría de las personas pueden seguir estas pautas en su dieta:

• Poca o ninguna cafeína.

• Baja en azúcar — el azúcar libera insulina y aumenta el apetito, incrementando así el hábito de "comer inconscientemente" (consumo no regulado por las necesidades reales del organismo).

- Baja en grasas — las grasas agregan un excedente de calorías y aumentan el riesgo de contraer enfermedades cardíacas y muchas formas de cáncer. Reduzca el consumo de carnes grasosas, pasteles, quesos y productos lácteos enteros.

- Rica en fibras — el consumo de frutas frescas, verduras y cereales enteros en abundancia incrementan la evacuación de residuos de comida a través del tracto digestivo, disminuye los niveles de colesterol y lo sacian a uno; en esta forma se siente menos apetito y pierde peso. También son fuente de vitaminas, incluyendo las importantes vitaminas antioxidantes, A, C y E, que le ayudan al organismo a neutralizar muchos de los productos químicos que producen cáncer.

(c) Meditar a diario. La práctica redunda en beneficios tanto fisiológicos como psicológicos. Es importante mantener la continuidad en cualquier práctica; de lo contrario se va disipando gradualmente. Si usted no dispone de diez o veinte minutos para meditar, dedíquele cinco. Cinco minutos pueden prolongarse a diez y esto le ayuda a profundizar cada vez más el sentimiento de paz interior. La práctica regular es la piedra angular sobre la cual se construyen los comienzos de las respuestas de minirrelajación. Como todas éstas son respuestas condicionadas, cuanto mayor sea la asociación entre la respiración y la concentración desarrollada en prácticas prolongadas, tanto más eficaces serán las meditaciones cortas y cada respiro.

3. Usted puede considerarse saludable.

Esto me hace recordar al esquiador, Jimmy Huega, quien ganó medallas en los Juegos Olímpicos, cuya prometedora carrera se truncó prematuramente a causa de la esclerosis múltiple (EM). Después de sumirse en una depresión debilitante, Huega se dio cuenta de que tenía una opción. Podía ser una persona saludable con EM o una persona enfermiza con EM. Inició un programa de ejercicio físico regular (que varía de acuerdo con su nivel diario de energía y el curso de su EM), alimentación adecuada y meditación. El concepto que tiene de sí mismo es el de una persona altamente saludable que además tiene EM. ¿Qué concepto tiene usted de usted mismo? ¿Depende la paz interior totalmente de la condición física?

4. Las cosas cambian. El cambio es la única constante en la vida.
Si uno tiene sentido del compromiso — de ir en busca del significado de la vida — recibe el cambio usted con curiosidad y sin reservas, no con temor y duda. Si usted es renuente al cambio, trate de ceder y de mirar a su interior. ¿Recuerda "no sé"? Si usted se permite estar confundido, su mente permanecerá abierta a las posibilidades. Tratar de controlar el mundo, insistiendo en que uno sabe, puede convertirse en una potente prescripción para el sufrimiento y coartará las posibilidades de experimentar "lo novedoso".

5. Sus creencias son increíblemente poderosas.
Reflexione sobre el siguiente experimento: A algunas mujeres que sufrían de náuseas matinales se les pidió que ingirieran globos intragástricos a fin de medir de una manera objetiva las contracciones estomacales y las náuseas asociadas con ellas. Luego se les dijo que recibirían una poderosa droga antiemética, pero en cambio se les dio jarabe de ipecacuana, poderosa droga que se usa para inducir el vómito en casos de envenenamiento. La mayoría de las mujeres reportó que las náuseas les habían mermado y que el número de contracciones estomacales había sido menor. ¡El poder de la fe era más fuerte que la droga! Póngale atención a lo que su mente le dice a lo largo del día y durante las meditaciones. Reconozca cuáles son sus creencias y el grado de influencia que éstas tienen en la forma en que usted percibe la vida y su salud. Permanezca consciente de sí mismo.

6. La única forma de escapar del estrés, del temor y de la duda es enfrentarlos directamente y verlos por lo que son.
Los intentos de esconder el estrés tan sólo tienen una breve eficacia aparente. En realidad, el disimulo fortalece el temor original y alimenta la sensación de impotencia e incapacidad para enfrentar

las dificultades. Los intentos por evitar el estrés mediante las drogas, el alcohol o la represión debilitan la autoestimación. La represión es un campo minado tanto para el cuerpo como para la mente. Si usted no tiene consciencia de algo, es como si estuviera ciego y sin control, y este estado ocasiona explosiones mentales y físicas que parecen carecer de fundamento, porque usted ha optado por no mirar. Aunque sea difícil hacerlo, enfrentar los temores le permite a uno transformar sus actitudes, y le deja una creciente sensación de su propio valor, de control y de fortaleza moral. Algunas veces se requiere la ayuda de otros para enfrentar estos "dragones en el sótano". No tema pedir ayuda.

7. Las emociones entran en dos amplias categorías: el temor y el amor.

Usted tal vez recuerde el ejercicio en que se experimentaron la ira, el temor y el resentimiento, en contraste con sentimientos positivos, tales como hacer algo muy bien, amar o ser amado, y experimentar humor. La categoría del temor se asoció con una defensa en que la musculatura corporal se tensiona, la frecuencia cardíaca se incrementa y se tiene una sensación de opresión en el pecho. La categoría del amor se asoció con una actitud receptiva y una sensación de relajación. No olvide prestarle atención al estado en que se encuentra su cuerpo — después determine cuál es su estado mental. Aprender a desistir es esencial para reducir el estrés y lograr la paz espiritual.

8. ¿Prefiere tener la razón o prefiere experimentar paz?

Durante sus actividades y su trato diario con la gente, considere cuánta energía consume defendiendo las diversas posiciones que le hagan sentir que usted tiene la razón, que es digno de ser apreciado y de estar bien. Cuando usted descubra su propio valor y se dé cuenta de que es algo especial y único, la necesidad de defenderse disminuirá, y su cuerpo se relajará en forma natural.

9. Acéptese tal como es.

(A pesar de tener muslos gordos, nariz grande, cometer equivocaciones, tener inquietud por su salud, dolor de espalda u otras limitaciones físicas.) Esto significa algo más que reconocer de mala gana que usted nunca más será como era antes o como le gustaría ser. La aceptación significa estimarse uno tal como es ahora. Usted se liberará en la medida en que pueda estimar su Yo interno, el cual, a diferencia de su cuerpo o de sus capacidades mentales, es inmutable. Esto le permite dejar de juzgarse negativamente, lo cual, invariablemente, produce sentimientos de culpa, vergüenza, remordimientos o temor, y aumenta la intensidad del ciclo de ansiedad y tensión.

10. Practique el perdón.

Vea a las personas como son y no como usted quisiera que fueran. Luego acéptelas tal como son en lugar de juzgarlas por lo que no son. Cuanto más se acepte a sí mismo, tanto más le será posible ver a los demás en la misma forma. La esencia de todo ser humano es exactamente igual — una consciencia no condicionada — el Yo. Vea el Yo en otros. Si usted es una persona religiosa o espiritual, puede pensar en ver lo divino en los demás. ¿Recuerda la palabra sánscrita *Namaste*? (Mi espíritu saluda a tu espíritu.)

11. Sea receptivo a las enseñanzas de la vida.

Un viejo aforismo reza que cuando el discípulo está listo, aparece el maestro. Es posible que el maestro no se reconozca fácilmente. En ocasiones, las personas más fastidiosas o difíciles son los mejores maestros de paciencia, perdón y autorrespeto. ¿Recuerda la historia del tirano despiadado?

12. Sea paciente. Paciencia significa estar conscientemente atento.

Por paciencia normalmente se entiende la impaciencia llevada al extremo. Tener paciencia es, realmente, prestarle atención cuidadosa y consciente a la vida — desistir de las expectativas que arrastran la mente hacia el pasado o el futuro — de modo que usted pueda permanecer en el momento sin hacer juicios ni reproches. Cuando esté impaciente, adviértalo, tome un respiro de relajación y regrese al punto central del observador, el Testigo que toma nota sin dejarse arrebatar por el condicionamiento pasado. *Practique estar consciente.* Acuérdese de realizar todos los días alguna actividad con plena atención. Esto ejercita su capacidad de ser consciente en cualquier circunstancia.

Bien sea que las actitudes y las prácticas anteriores le parezcan accesibles o que crea que están fuera de su alcance, todo el que realmente quiera librarse del condicionamiento pasado puede adoptarlas. Si uno quiere alcanzar estos objetivos no le basta con leer uno o muchos libros. Implican un proceso de despliegue gradual — un despertar apacible más que un ataque frontal. Lo mismo que cualquier cosa de valor, la mejor forma de desarrollar la consciencia de sí mismo es nutrirla con respeto y atención. Es propio del género humano que la atención divague y aparentemente olvide cosas previamente aprendidas. Sin embargo, no es posible olvidar del todo estos conocimientos, porque ya están almacenados en la memoria y porque los nuevos conocimientos dimanan del Yo. Los cambios de actitud y de interpretación pueden producirse en cualquier momento y de modo tal que le causan a uno asombro y placer. Le puedo asegurar a usted que los esfuerzos que ya ha hecho seguirán enriqueciéndole la mente. Manténgase con el corazón y con la mente fijos en el objetivo, y sea indulgente con usted mismo a lo largo del camino. El objetivo está más cerca de lo que usted cree.

> Interior mío, escúchame, el máximo espíritu,
> el Maestro, está cerca.
> ¡Despierta, despierta!
> Corre a sus pies —
> en este mismo instante se halla al pie de tu cabeza.
> Has dormido durante millones y millones de años.
> ¿Por qué no despiertas esta mañana?

—KABIR
versión de Robert Bly

Lecturas adicionales

Meditación

Benson, Herbert, and Miriam Z. Klipper. *The Relaxation Response*. New York, Avon Books, 1976.

————, and William Proctor. *Beyond the Relaxation Response*. New York, Berkley, 1985.

Dhiravamsa. *The Dynamic Way of Meditation*. North Hollywood, CA, Newcastle, 1983.

Golas, Thaddeus. *The Lazy Man's Guide to Enlightenment*. Redway, CA, Seed Center, 1972.

Goldstein, Joseph. *The Experience of Insight: A Simple and Direct Guide to Buddhist Meditation*. Boston, Shambhala Publications, 1983.

Hanh, Thich N. *The Miracle of Mindfulness! A Manual on Meditation*. Boston, Beacon Press, 1976.

Kaplan, Aryeh. *Jewish Meditation: A Practical Guide*. New York, Schocken Books, 1985.

LeShan, Lawrence. *How To Meditate*. New York, Bantam Books, 1974.

Levine, Stephen. *A Gradual Awakening*. New York, Anchor Books, 1979.

Muktananda, Swami. *Meditate*. Albany, State University of New York Press, 1980.

Pennington, M. Basil. *Centering Prayer: Renewing an Ancient Christian Prayer Form*. New York, Image Books, 1982.

Ram Dass. *Journey of Awakening: A Meditator's Guidebook*. New York, Bantam Books, 1978.

Suzuki, Shunryu. *Zen Mind Beginner's Mind*. New York, John Weatherhill, 1970.

Estiramiento y Yoga

Carr, Rachel. *Be a Frog, a Bird or a Tree: Rachel Carr's Creative Yoga Exercises for Children*. New York, Doubleday, 1973.

———— *Yoga for All Ages*. New York, Simon & Shuster, 1972.

Christensen, Alice, and David Rankin. *Easy Does It Yoga: Yoga for Older People*. New York, Harper & Row, 1979.

Dechanet, J. M. *Christian Yoga*. New York, Perennial Library, 1956.

Hittleman, Richard. *Yoga: 28 Day Exercise Plan*. New York, Bantam Books, 1973.
Iyengar, B. K. S. *The Concise Light on Yoga*. New York, Schocken Books, 1982.
Lidell, Lucy, with Narayani and Giris Rabinovitch. *The Sivananda Companion to Yoga*. New York, Simon & Schuster, 1983.
Mandrell, Prema, and Sarala Troy. *Hatha Yoga for Meditators*. South Fallsburg, NY, SYDA Foundation, 1985.
Satchitananda, Yogiraj Sri Swami. *Integral Yoga Hatha*. New York, Holt, Rinehart & Winston, 1975.
Vishnudevananda, Swami. *The Complete Illustrated Book of Yoga*. New York, Pocket Books, 1981.

Ciencia popular y medicina

Benson, Herbert. *The Mind/Body Effect*. New York, Simon & Schuster, 1979.
Bohm, David. *Wholeness and the Implicate Order*. Boston, Ark Paperbacks, 1980.
Capra, Fritjof. *The Tao of Physics*. New York, Bantam Books, 1977.
Cousins, Norman. *Anatomy of an Illness*. New York, W.W. Norton, 1979.
Dossey, Larry. *Space, Time and Medicine*. Boston, Shambhala Publications, 1982.
Eisenberg, David, with Thomas Lee Wright. *Encounters with Qi: Exploring Chinese Medicine*. New York, W.W. Norton, 1985.
Gillespie, Peggy Roggenbuck, and Lynn Bechtel. *Less Stress in 30 Days*. New York, Plume Books, 1986.
Locke, Steven, and Douglas Colligan. *The Healer Within: The New Medicine of Mind and Body*. New York, E.P. Dutton, 1986.
Pelletier, Kenneth. *Longevity: Fulfilling Our Biological Potential*. New York, Dell Books, 1982.
———. *Mind as Healer, Mind as Slayer*. New York, Dell Books, 1977.
Seligman, Martin E. P. *Helplessness: On Depression, Development and Death*. New York, W.H. Freeman & Co., 1975.
Siegel, Bernie S. *Love, Medicine and Miracles*. New York, Harper & Row, 1986.
Weil, Andrew. *Health and Healing: Understanding Conventional and Alternative Medicine*. Boston, Houghton Mifflin, 1983.

Yogananda, Paramahansa. *Autobiography of a Yogi*. Los Angeles, Self-Realization Fellowship, 1974.

Zukov, Gary. *The Dancing Wu Li Masters: An Overview of the New Physics*. New York, Bantam Books, 1979.

Psicología y filosofía

Aranya, Swami Hariharananda. *Yoga Philosophy of Patanjali*. Albany, State University of New York Press, 1963.

Blanchard, Kenneth, and Spencer Johnson. *The One Minute Manager*. New York, Berkley, 1982.

Fields, Rick, with Peggy Taylor, Rex Weyler and Rick Ingrasci. *Chop Wood, Carry Water: A Guide to Finding Spiritual Fulfillment in Everyday Life*. Los Angeles, Jeremy P. Tarcher, 1984.

Foundation for Inner Peace. *A Course in Miracles*. Text, workbook, and workbook for teachers. Farmingdale, NY, Foundation for Inner Peace, 1975.

Frankl, Viktor. *Man's Search for Meaning*. New York, Washington Square Press, 1959.

Jampolsky, Gerald, M.D. *Love Is Letting Go of Fear*. Berkeley, CA, Celestial Arts, 1979.

———. *Teach Only Love: The Seven Principles of Attitudinal Healing*. New York, Bantam Books, 1983.

Kapleau, Phillip. *Three Pillars of Zen*. New York, Anchor Books, 1980.

Kushner, Harold S. *When Bad Things Happen to Good People*. New York, Schocken Books, 1981.

Levine, Stephen. *Meetings at the Edge: Conversations with the Grieving and the Dying, the Healing and the Healed*. New York, Doubleday, 1984.

———. *Who Dies: An Investigation of Conscious Living and Dying*. New York, Doubleday, 1982.

Peck, M. Scott. *The Road Less Traveled*. New York, Touchstone, 1978.

Prather, Hugh. *Notes on Love and Courage*. New York, Doubleday, 1977.

———. *Notes to Myself*. New York, Bantam Books, 1970.

Ring, Kenneth. *Heading Toward Omega: In Search of the Meaning of the Near-death Experience*. New York, William Morrow & Co., 1984.

Wilber, Ken. *No Boundary*. Boston, New Science Library, 1981.

Imaginación creativa

Achterberg, Jeanne. *Imagery in Healing: Shamanism and Modern Medicine*. Boston, New Science Library, 1985.

Bry, Adelaide, and Marjorie Bair. *Directing the Movies of the Mind: Visualization for Health and Insight.* New York, Harper & Row, 1978.

Edwards, Betty. *Drawing on the Right Side of the Brain.* Los Angeles, Jeremy P. Tarcher, 1979.

Gawain, Shakti. *Creative Visualization.* New York, Bantam Books, 1979.

Matthews-Simonton, Stephanie, O. Carl Simonton, and James L. Creighton. *Getting Well Again.* New York, Bantam Books, 1978.

Peseschkian, Nossrat. *Oriental Stories as Tools in Psychotherapy.* New York, Springer-Verlag, 1979.

Rosen, Sidney. *My Voice Will Go With You: The Teaching Tales of Milton H. Erikson, M.D.* New York, W.W. Norton, 1982.

von Oech, Roger. *A Whack on the Side of the Head: How to Unlock Your Mind for Innovation.* New York, Warner Books, 1983.

Ficción

Bly, Robert. *The Kabir Book: Forty-four of the Ecstatic Poems of Kabir.* Boston, Beacon Press, 1971.

Caldwell, Taylor. *Dear and Glorious Physician.* New York, Bantam Books, 1959.

Castaneda, Carlos. *The Eagle's Gift.* New York, Pocket Books, 1981.

——. *The Fire from Within.* New York, Pocket Books, 1985.

——. *Journey to Ixtlan.* New York, Pocket Books, 1972.

——. *The Second Ring of Power.* New York, Pocket Books, 1977.

——. *A Separate Reality: Further Conversations with Don Juan.* New York, Pocket Books, 1971.

——. *Tales of Power.* New York, Pocket Books, 1974.

——. *The Teaching of Don Juan: A Yacqui Way of Knowledge.* New York, Pocket Books, 1972.

Heinlein, Robert A. *Stranger in a Strange Land.* New York, Berkley, 1968.

Hesse, Hermann. *Siddhartha.* New York, Bantam Books, 1983.

Autoevaluación

A los pacientes que ingresan al Programa para la Mente y el Cuerpo se les solicita que obtengan primero una carta de referencia de su médico a fin de asegurarnos de que sus síntomas ya han sido evaluados y tratados en lo posible. Si un paciente no tiene médico, lo enviamos a donde uno del hospital para que él lo examine antes de ingresar al programa. *Asimismo, es importante que usted se asegure de que cualquier síntoma físico que esté experimentando haya sido evaluado en forma apropiada antes de intentar cualquier enfoque de autoayuda. Así estará seguro de que no se ha pasado por alto ningún tratamiento médico útil.*

Antes de la visita de evaluación, todo paciente recibe por correo un detallado cuestionario sobre su estilo de vida (hábitos de ejercicio y relajación, apoyo social, historia de consumo de cigarrillos, alcohol y cafeína, niveles de peso y de estrés), síntomas médicos y amplia evaluación psicológica. Los pacientes aprenden mucho sobre sí mismos al llenar los cuestionarios, y sus respuestas nos sirven de guía durante la entrevista y nos ayudan a descubrir qué otros enfoques, además del Grupo para la Mente y el Cuerpo, pueden ser provechosos. Por ejemplo, algunos pacientes son enviados a psicoterapia en concomitancia con el ingreso al Grupo para la Mente y el Cuerpo o, específicamente, a un psiquiatra que puede prescribirles los medicamentos necesarios para aliviarles los síntomas severos y ayudarles a obtener mayor provecho del Grupo para la Mente y el Cuerpo. Otros se pueden beneficiar de un amplio programa de yoga o inclusive de la sugerencia de un libro específico.

Al llenar los siguientes cuestionarios, tenga en cuenta que las metas serán distintas, pues no habrá una entrevista posterior con un médico o con un psicoterapeuta que le ayude a ponerlas en perspectiva. Si usted cree que necesita ayuda, busque orientación profesional, basándose en los conocimientos que adquiera sobre usted mismo al llenar estos cuestionarios. Ciertamente, ningún libro o cuestionario puede determinar sus síntomas o hacerle un tratamiento. En el mejor de los casos son sólo guías aproximadas.

Esta autoevaluación persigue dos propósitos:

- Incrementar su conocimiento sobre su estado físico y sobre los pensamientos, las emociones y los comportamientos que ejercen una acción recíproca con él.
- Permitirle evaluarse *ahora*, antes de que empiece a aprender y a aplicar los instrumentos y las actitudes que este libro le proporciona para que *más tarde* se sienta cómodo usándolos. Por esta razón los formularios de autoevaluación aparecen dos veces, una vez como evaluación previa y otra como evaluación posterior.

El primer cuestionario contiene preguntas sobre los síntomas físicos que puede experimentar, la frecuencia y la intensidad de los mismos y hasta qué punto afectan a su vida. Es posible que en muchos casos el síntoma físico no desaparezca, pero puede llegar a ser menos frecuente o menos molesto.

El segundo cuestionario pregunta sobre pensamientos, emociones y comportamientos que pueden causarle angustia a la gente. Su puntaje reflejará cómo se siente actualmente, pero sólo usted sabe si esos sentimientos son típicos de usted y no una reacción a algún hecho estresante que está ocurriendo ahora y que podría cambiar en breve. Es recomendable que usted llene estos cuestionarios en una ocasión que usted considere como "típica" de su vida para que les saque el mayor provecho posible. Espere unos días si está pasando por un período inusualmente estresante.

EVALUACION PREVIA
LISTA DE SINTOMAS FISICOS

Lea cuidadosamente las instrucciones. A continuación aparece una lista de los síntomas físicos que pueden presentarse. Sírvase indicar:

(A) Con cuánta frecuencia tiene los síntomas, si es que los tiene. Elija un número en una escala de 0 a 7, encerrándolo en una circunferencia.

(B) El grado de molestia que le produce cada síntoma que usted tenga. Elija un número en una escala de 0 a 10.

(C) El grado de interferencia que le produce cada síntoma, es decir, hasta qué punto interfiere sus actividades diarias. Elija un número en una escala de 0 a 10.

Asegúrese de indicar las tres respuestas para cada síntoma que usted realmente tenga.

SINTOMAS	(A) FRECUENCIA — Nunca o casi nunca	Menos de una vez al mes	Una o dos veces al mes	Más o menos, una vez a la semana	2 o 3 veces a la semana	4 o 6 veces a la semana	Una vez al día	Más de una vez al día	(B) GRADO DE MOLESTIA 0 = Ninguno a 10 = Extremo	(C) GRADO DE INTERFERENCIA 0 = Ninguno a 10 = Extremo
1. Dolor de cabeza	(0)	1	2	3	4	5	6	7	4	6
2. Síntomas visuales (p. ej., visión borrosa o doble)	(0)	1	2	3	4	5	6	7	9	4
3. Mareo o sensación de desvanecimiento	0	1	(2)	3	4	5	6	7	5	10
4. Entumecimiento	0	1	(2)	3	4	5	6	7	3	7

SÍNTOMAS	(A) FRECUENCIA								(B) GRADO DE MOLESTIA 0 = Ninguno a 10 = Extremo	(C) GRADO DE INTERFERENCIA 0 = Ninguno a 10 = Extremo
	Nunca o casi nunca	Menos de una vez al mes	Una o dos veces al mes	Más o menos, una vez a la semana	2 o 3 veces a la semana	4 o 6 veces a la semana	Una vez al día	Más de una vez al día		
5. Zumbido en los oídos	0	1	(2)	3	4	5	6	7	3	7
6. Náuseas	0	(1)	2	3	4	5	6	7	2	1
7. Vómito	(0)	1	2	3	4	5	6	7	1	1
8. Estreñimiento	0	1	2	(3)	4	5	6	7	4	3
9. Diarrea	0	(1)	2	3	4	5	6	7	3	3
10. Molestias al orinar (p. ej., sensación de presión o ardor)	(0)	1	2	3	4	5	6	7	0	0
11. Molestias abdominales o estomacales (p. ej., presión, ardor, cólicos) no relacionadas con la menstruación	0	1	(2)	3	4	5	6	7	6	5
12. Músculos adoloridos	0	(1)	2	3	4	5	6	7	3	3
13. Articulaciones adoloridas	0	1	(2)	3	4	5	6	7	3	2

	0	1	2	3	4	5	6	7		
14. Dolores de espalda	⓪	1	2	3	4	5	6	7	2	2
15. Malestar en las extremidades (p. ej., ardor, dolor)	⓪	1	2	3	4	5	6	7	1	1
16. Dolores en el pecho (p. ej., ardor, presión, opresión)	0	①	2	3	4	5	6	7	—	—
17. Palpitaciones	0	①	2	3	4	5	6	7		
18. Sudor profuso	0	1	②	3	4	5	6	7		
19. Dificultad para respirar	⓪	1	2	3	4	5	6	7		
20. Tos	0	①	2	3	4	5	6	7		
21. Respiración ruidosa o silbante	⓪	1	2	3	4	5	6	7		
22. Trastornos de la piel (p. ej., erupciones cutáneas, prurito)	0	1	2	3	4	5	6	⑦		
23. Rechinar de dientes	0	1	2	③	4	5	6	7		
24. Dificultades para dormir	0	①	2	3	4	5	6	7		
25. Fatiga	⓪	1	2	3	4	5	6	7		
26. Otros:	0	1	2	3	4	5	6	7		
	0	1	2	3	4	5	6	7		
	0	1	2	3	4	5	6	7		

(continúa en la página siguiente)

MUJERES UNICAMENTE

	(A) FRECUENCIA								(B) GRADO DE MOLESTIA 0 = Ninguno a 10 = Extremo	(C) GRADO DE INTERFERENCIA 0 = Ninguno a 10 = Extremo
	Nunca o casi nunca	Menos de una vez al mes	Una o dos veces al mes	Más o menos, una vez a la semana	2 o 3 veces a la semana	4 o 6 veces a la semana	Una vez al día	Más de una vez al día		
1. Infección o irritación vaginal	0	(1)	2	3	4	5	6	7		
2. Irregularidades menstruales	(0)	1	2	3	4	5	6	7		
3. Dolor menstrual	0	1	(2)	3	4	5	6	7		
4. Tensión premenstrual	0	1	(2)	3	4	5	6	7		
5. Dolor premenstrual	0	(1)	2	3	4	5	6	7		

EVALUACION PREVIA
LISTA DE SINTOMAS PSICOLOGICOS

Marque el número, de 0 (nunca) a 4 (frecuentemente), que representa el grado en que los siguientes pensamientos, sentimientos y comportamientos lo han incomodado durante el pasado mes.

	INCOMODADO				
	Nunca	Rara vez	Algunas veces	A menudo	Frecuentemente
PENSAMIENTOS					
1. "Tremendizar" (llevar las cosas a su peor desenlace)	0	(1)	2	3	4
2. Culparme a mí mismo	0	1	(2)	3	4
3. Culpar a otros	(0)	1	2	3	4
4. Dificultad para concentrarme	0	(1)	2	3	4
5. Guardar rencor	0	1	(2)	3	4
6. Pensar y repensar sobre el mismo asunto	0	1	(2)	3	4
7. Desear que pudiera "apagar mi mente"	0	(1)	2	3	4
8. Criticar constantemente a otras personas o situaciones	0	1	(2)	3	4
9. Preocuparme	0	1	(2)	3	4
10. Pensar que mi mente no está bien	(0)	1	2	3	4
11. Necesidad de tener la razón	0	1	(2)	3	4
12. Sensación de haber perdido el control	0	1	(2)	3	4
EMOCIONES					
1. Miedo a circunstancias o lugares específicos	0	1	(2)	3	4
2. Sintiéndome como una víctima	0	1	(2)	3	4
3. Angustiado	0	(1)	2	3	4
4. Melancólico	0	1	(2)	3	4
5. Solo	0	1	(2)	3	4

	INCOMODADO				
EMOCIONES	Nunca	Rara vez	Algunas veces	A menudo	Frecuentemente
6. Irritable	0	①	2	3	4
7. Con deseos de tirar cosas o de pegarle a la gente	⓪	1	2	3	4
8. Sentimientos de culpa	0	1	②	3	4
9. Sintiéndome hostil (poco amistoso)	0	①	2	3	4
10. Nervioso	0	1	②	3	4
11. Desesperanzado en cuanto al futuro	⓪	1	2	3	4
12. Con deseos de "esconderme debajo de las frazadas"	⓪	1	2	3	4
13. Con la sensación de que los demás no me quieren	0	①	2	3	4
14. Perturbado por las críticas	0	1	②	3	4

CONDUCTAS

	Nunca	Rara vez	Algunas veces	A menudo	Frecuentemente
1. Morderme las uñas	0	①	2	3	4
2. Usar tabaco en cualquier forma	⓪	1	2	3	4
3. Tomar tranquilizantes y modificadores del ánimo, de venta en la calle.	⓪	1	2	3	4
4. Tomar bebidas alcohólicas	0	1	②	3	4
5. Masticar chicle o chupar dulces	0	1	2	③	4
6. Hablar mucho	0	1	②	3	4
7. Llorar mucho	0	①	2	3	4
8. Problemas con el sueño (dormir demasiado o muy poco)	0	①	2	3	4
9. Problemas con la comida (comer demasiado o muy poco)	⓪	1	2	3	4
10. Dificultades para comunicarme	0	1	②	3	4
11. Evitar responsabilidades	0	①	2	3	4
12. Demasiada cafeína	0	1	②	3	4

Evaluación de los resultados

Lista de síntomas físicos

Hay una gran diferencia entre tener un síntoma que interfiere el curso de la vida y un síntoma con el que hay que convivir. Al verificar cuáles son los síntomas que le causan a usted las mayores molestias, présteles cuidadosa atención a las interferencias. Cuando haga de nuevo el test, de nuevo, compare cada síntoma que usted haya registrado en todas sus dimensiones — frecuencia, intensidad y grado de limitación en su vida diaria. *En caso de duda, siempre consulte con un médico.*

Lista de síntomas psicológicos

Todo el mundo experimenta algunos de estos síntomas, en diversos grados, durante parte del tiempo. Sin embargo, si usted tiene la impresión de que muchas de sus respuestas están en la columna *a menudo* o *frecuentemente* (3 o 4), usted está experimentando una gran angustia y debe pensar en la posibilidad de discutir sus sentimientos con un psicoterapeuta (psicólogo, psiquiatra o trabajador social, específicamente capacitados en asesoría psicológica). Los programas de autoayuda no substituyen a los medicamentos cuando éstos son lo indicado, o la terapia individual, pero pueden ser un método auxiliar valioso en ambos casos.

Compare la intensidad de los síntomas que usted registró en el primer test, con la intensidad que obtenga cuando vuelva a hacer el test. Si usted considera que sus síntomas eran lo suficientemente molestos como para esperar una mejora que no se pone en evidencia, de nuevo le recomiendo que busque ayuda profesional.

He observado que muchos de nuestros pacientes son inicialmente renuentes a someterse a la psicoterapia. Tienen conceptos erróneos al respecto, y piensan que sólo los que están "chiflados" necesitan tal ayuda. La verdad es que prácticamente todo ser humano podría beneficiarse con la psicoterapia. Esta es una manera de aprender a librarse del condicionamiento pasado. Los que optan por someterse a este tratamiento son, por lo general, más "cuerdos" que el resto de nosotros. Todos los psicólogos también deben someterse a psicoterapia para que no les superpongan sus propios prejuicios a los pacientes. Yo puedo atestiguar el valor de mi propia terapia y abrigo la esperanza de que usted también habrá de mantener una mente abierta hacia ella.

EVALUACION POSTERIOR
LISTA DE SINTOMAS MEDICOS

Lea cuidadosamente las instrucciones. A continuación aparece una lista de los síntomas físicos que pueden presentarse. Sírvase indicar:

(A) Con cuánta frecuencia tiene los síntomas, si es que los tiene. Elija un número en una escala de 0 a 7, encerrándolo en una circunferencia.

(B) El grado de molestia que le produce cada síntoma que usted tenga. Elija un número en una escala de 0 a 10.

(C) El grado de interferencia que le produce cada síntoma, es decir, hasta qué punto interfiere sus actividades diarias. Elija un número en una escala de 0 a 10.

Asegúrese de indicar las tres respuestas para cada síntoma que usted realmente tenga.

SINTOMAS	(A) FRECUENCIA							(B) GRADO DE MOLESTIA 0 = Ninguno a 10 = Extremo	(C) GRADO DE INTERFERENCIA 0 = Ninguno a 10 = Extremo
	Nunca o casi nunca	Menos de una vez al mes	Una o dos veces al mes	Más o menos, una vez a la semana	2 o 3 veces a la semana	4 o 6 veces a la semana	Una vez al día	Más de una vez al día		
1. Dolor de cabeza	0	1	2	3	4	5	6	7		
2. Síntomas visuales (p. ej., visión borrosa o doble)	0	1	2	3	4	5	6	7		
3. Mareo o sensación de desvanecimiento	0	1	2	3	4	5	6	7		
4. Entumecimiento	0	1	2	3	4	5	6	7		

SÍNTOMAS	(A) FRECUENCIA								(B) GRADO DE MOLESTIA	(C) GRADO DE INTERFERENCIA
	Nunca o casi nunca	Menos de una vez al mes	Una o dos veces al mes	Más o menos, una vez a la semana	2 o 3 veces a la semana	4 o 6 veces a la semana	Una vez al día	Más de una vez al día	0 = Ninguno a 10 = Extremo	0 = Ninguno a 10 = Extremo
5. Zumbido en los oídos	0	1	2	3	4	5	6	7		
6. Náuseas	0	1	2	3	4	5	6	7		
7. Vómito	0	1	2	3	4	5	6	7		
8. Estreñimiento	0	1	2	3	4	5	6	7		
9. Diarrea	0	1	2	3	4	5	6	7		
10. Molestias al orinar (p. ej., sensación de presión o ardor)	0	1	2	3	4	5	6	7		
11. Molestias abdominales o estomacales (p. ej., presión, ardor, cólicos) no relacionadas con la menstruación	0	1	2	3	4	5	6	7		
12. Músculos adoloridos	0	1	2	3	4	5	6	7		
13. Articulaciones adoloridas	0	1	2	3	4	5	6	7		

	0	1	2	3	4	5	6	7	
14. Dolores de espalda	0	1	2	3	4	5	6	7	
15. Malestar en las extremidades (p. ej., ardor, dolor)	0	1	2	3	4	5	6	7	
16. Dolores en el pecho (p. ej., ardor, presión, opresión)	0	1	2	3	4	5	6	7	
17. Palpitaciones	0	1	2	3	4	5	6	7	
18. Sudor profuso	0	1	2	3	4	5	6	7	
19. Dificultad para respirar	0	1	2	3	4	5	6	7	
20. Tos	0	1	2	3	4	5	6	7	
21. Respiración ruidosa o silbante	0	1	2	3	4	5	6	7	
22. Trastornos de la piel (p. ej., erupciones cutáneas, prurito)	0	1	2	3	4	5	6	7	
23. Rechinar de dientes	0	1	2	3	4	5	6	7	
24. Dificultades para dormir	0	1	2	3	4	5	6	7	
25. Fatiga	0	1	2	3	4	5	6	7	
26. Otros:	0	1	2	3	4	5	6	7	
	0	1	2	3	4	5	6	7	
	0	1	2	3	4	5	6	7	

(continúa en la página siguiente)

MUJERES UNICAMENTE

	(A) FRECUENCIA								(B) GRADO DE MOLESTIA 0 = Ninguno a 10 = Extremo	(C) GRADO DE INTERFERENCIA 0 = Ninguno a 10 = Extremo
	Nunca o casi nunca	Menos de una vez al mes	Una o dos veces al mes	Más o menos, una vez a la semana	2 o 3 veces a la semana	4 o 6 veces a la semana	Una vez al día	Más de una vez al día		
1. Infección o irritación vaginal	0	1	2	3	4	5	6	7		
2. Irregularidades menstruales	0	1	2	3	4	5	6	7		
3. Dolor menstrual	0	1	2	3	4	5	6	7		
4. Tensión premenstrual	0	1	2	3	4	5	6	7		
5. Dolor premenstrual	0	1	2	3	4	5	6	7		

EVALUACION POSTERIOR
LISTA DE SINTOMAS PSICOLOGICOS

Marque el número, de 0 (nunca) a 4 (frecuentemente), que representa el grado en que los siguientes pensamientos, sentimientos y comportamientos lo han incomodado durante el pasado mes.

	INCOMODADO				
	Nunca	Rara vez	Algunas veces	A menudo	Frecuentemente
PENSAMIENTOS					
1. "Tremendizar" (llevar las cosas a su peor desenlace)	0	1	2	3	4
2. Culparme a mí mismo	0	1	2	3	4
3. Culpar a otros	0	1	2	3	4
4. Dificultad para concentrarme	0	1	2	3	4
5. Guardar rencor	0	1	2	3	4
6. Pensar y repensar sobre el mismo asunto	0	1	2	3	4
7. Desear que pudiera "apagar mi mente"	0	1	2	3	4
8. Criticar constantemente a otras personas o situaciones	0	1	2	3	4
9. Preocuparme	0	1	2	3	4
10. Pensar que mi mente no está bien	0	1	2	3	4
11. Necesidad de tener la razón	0	1	2	3	4
12. Sensación de haber perdido el control	0	1	2	3	4
EMOCIONES					
1. Miedo a circunstancias o lugares específicos	0	1	2	3	4
2. Sintiéndome como una víctima	0	1	2	3	4
3. Angustiado	0	1	2	3	4
4. Melancólico	0	1	2	3	4
5. Solo	0	1	2	3	4

	INCOMODADO				
EMOCIONES	Nunca	Rara vez	Algunas veces	A menudo	Frecuentemente
6. Irritable	0	1	2	3	4
7. Con deseos de tirar cosas o de pegarle a la gente	0	1	2	3	4
8. Sentimientos de culpa	0	1	2	3	4
9. Sintiéndome hostil (poco amistoso)	0	1	2	3	4
10. Nervioso	0	1	2	3	4
11. Desesperanzado en cuanto al futuro	0	1	2	3	4
12. Con deseos de "esconderme debajo de las frazadas"	0	1	2	3	4
13. Con la sensación de que los demás no me quieren	0	1	2	3	4
14. Perturbado por las críticas	0	1	2	3	4

CONDUCTAS

	Nunca	Rara vez	Algunas veces	A menudo	Frecuentemente
1. Morderme las uñas	0	1	2	3	4
2. Usar tabaco en cualquier forma	0	1	2	3	4
3. Tomar tranquilizantes y modificadores del ánimo, de venta en la calle.	0	1	2	3	4
4. Tomar bebidas alcohólicas	0	1	2	3	4
5. Masticar chicle o chupar dulces	0	1	2	3	4
6. Hablar mucho	0	1	2	3	4
7. Llorar mucho	0	1	2	3	4
8. Problemas con el sueño (dormir demasiado o muy poco)	0	1	2	3	4
9. Problemas con la comida (comer demasiado o muy poco)	0	1	2	3	4
10. Dificultades para comunicarme	0	1	2	3	4
11. Evitar responsabilidades	0	1	2	3	4
12. Demasiada cafeína	0	1	2	3	4

Agradecimientos

El proceso de escribir este libro despertó recuerdos de mi propia evolución: la trasformación de un ser abrumado por la angustia en una persona luchadora. Esta observación se la atribuyo a mi amigo y colega Ilan Kutz, M.D., quien me ayudó a establecer el Programa Clínico para la Mente y el Cuerpo, junto con Herbert Benson, M. D., en septiembre de 1981. A medida que he ido despertando y madurando, los hallazgos de mi nueva comprensión han ido introduciéndose en mi labor. Mis pacientes han estimulado a menudo esa comprensión, porque al compartir conmigo y con otros pacientes sus luchas y sus triunfos nos han servido de inspiración. Gracias a cada uno de ellos.

Muchas otras personas han colaborado en la producción de este libro, tanto personal como profesionalmente. Tal vez la mejor manera de manifestarles mi gratitud sea mencionarlas en orden cronológico. Mi padre, Edward Zakon, me sirvió de ejemplo en cuanto a amor y coraje. Su propia muerte a causa del cáncer y sus esfuerzos por superar sus temores fueron una fuerza vital en mi vida. Por fortuna, mi madre, Lillian, tiene un gran sentido del humor que impidió que el resto de nosotros nos tomáramos demasiado en serio. Mi hermano, Alan, diez años mayor que yo, fue como un segundo padre cuando yo era niña, y ha seguido siendo una fuente inapreciable de amor y apoyo a lo largo de mi vida.

Entre los mentores científicos que me han brindado conocimientos que me han servido de base para tomar nuevos rumbos están William Morse, Ph.D. y Jean Paul Revel, Ph.D., quienes me enseñaron el método científico, y Morris Karnovsky, M.B., B. Ch., D.Sc., cuya mente extraordinariamente inquisitiva siempre desafió a sus estudiantes a ampliar sus horizontes. Herbert Benson me prestó un enorme servicio al dilucidar la fisiología y la utilidad clínica de la respuesta de relajación, y al ayudar a fundar el campo de la medicina del comportamiento. Le estoy muy reconocida por la atmósfera de apoyo que creó tanto para mí como para otros a fin de que continuáramos explorando las acciones recíprocas mente/cuerpo, y por su fe en mí y en nuestro programa. David McClelland, Ph.D., me enseñó que la teoría científica, combinada con el arte de la observación sagaz y el respeto a la intuición, puede llevar a grandes avances en los conocimientos.

Un gran número de apreciados colegas ha contribuido a mi labor. Karen Hitchcock, Ph.D., y Murry Blair, Ph.D., me ayudaron a darle otro rumbo a mi carrera: a cambiar la investigación básica de laboratorio por la práctica clínica. Stephen Maurer, M.A., se asoció a la Clínica para la Mente y el Cuerpo en 1983. Sus conocimientos sobre meditación y sobre la mente fueron valiosos para el programa, lo mismo que su ingenio y su cordialidad. El capítulo sobre trampas mentales es adaptado de un sistema que Steve me dió a conocer originalmente, y muchas de las historias son también cortesía de Steve.

Deseo expresar mi agradecimiento muy especial a Jon Kabat-Zinn, Ph.D., cuyo Programa de Reducción del Estrés y de Relajación, llevado a cabo en la Facultad de Medicina de la Universidad de Massachusetts, ha sido una verdadera inspiración, y a Jane Leserman, Ph.D., quien ha hecho una maravillosa labor al evaluar el programa y desarrollar instrumentos de autoevaluación, incluyendo la lista de verificación de síntomas médicos presentada en la sección de autoevaluación de este libro. Mi colega Steven Locke, M.D., me ha permitido participar de su interés y su entusiasmo por la psiquiatría y la psiconeuroinmunología. Le agradezco su apoyo, lo mismo que las muchas conversaciones estimulantes que hemos sostenido.

Entre otros de mis apreciados colegas cuyo trabajo forma parte, directa o indirectamente, de mis conocimientos, están Catherine Morrison, L.I.C.S.W., Olivia Hoblitzelle, M.A., Eileen Stuart, R.N., M.S., Margaret Caudill, M.D., Ph.D., George Everly, Ph.D., Basil Barr, M.D., Naomi Remen, M.D., Michael Lerner, Ph. D., Dean Ornish, M.D., Leo Stolbach, M.D., el difunto John Hoffman, Ph.D.,

Tom Stewart, M.D., Matthew Budd, M.D., David Eisenberg, M.D., Rick Ingrasci, M.D., Robin Casarjian, M.A., Norman Cousins, Bernie Siegel, M.D., Kenneth Pelletier, Ph.D., Brendan O'Regan del Institute of Noetic Sciences [Instituto de Ciencias Mentales], y Eileen Rockefeller Growald, cuya visión al establecer el Institute for the Advancement of Health [Instituto para el Progreso de la Salud] ha fomentado que el público entienda las acciones recíprocas mente/cuerpo y les ha proporcionado a muchos de los investigadores y clínicos que trabajan en esta área un inapreciable foro para la acción recíproca.

Gracias a Nancy MacKinnon, Gail Cammarata, Roxanne Daleo, M.A., Janet Romano, Claudia Dorrington, Amy Saltz, Debbie Lee y Sheila Cusack por el valioso apoyo al programa. Un agradecimiento especial a Margaret Ennis por el apoyo administrativo que en forma exhaustiva y profesional le brindó al programa, por su calurosa y solícita acción recíproca con nuestros pacientes y por el cariño que nos brinda a todos nosotros. Gracias también al personal administrativo del Beth Israel Hospital de Boston, que proporcionó la sede en la cual pudiera desarrollarse la Clínica para la Mente y el Cuerpo. Gracias también a nuestra nueva sede, el New England Deaconess Hospital, cuyo compromiso con el cuidado del paciente desde todo punto de vista los llevó a desarrollar una vigorosa sección dedicada a la medicina del comportamiento.

Asimismo deseo expresarles mi agradecimiento a mis mentores psicológicos y espirituales. Harriett Mann, Ed.D., fue todo un tesoro al ayudarnos a Myrin y a mí a entendernos y a aceptarnos tanto individual como mutuamente. El reverendo Chris Williamson desempeñó una función similar al conducirme nuevamente a Dios. El reencuentro ha continuado a través de las enseñanzas del difunto Swami Muktananda y su sucesor Swami Chidvilasananda en la tradición del Siddha Yoga.

Muchas personas han desempeñado un papel decisivo en el proyecto del libro en sí. Larry Rothstein me llamó un lunes por la mañana para invitarme a escribir un libro sobre el estrés ejecutivo. Yo acepté. Acostumbrado a escuchar con paciencia y cuidado, no tardó en darse cuenta de que en realidad lo que yo anhelaba era escribir un libro sobre el Programa para la Mente y el Cuerpo. Le estoy inmensamente agradecida por haber puesto en marcha el proceso y por haberse convertido en su fiel guardián desde sus inicios. Tanto él como Ken Rivard hicieron un trabajo excelente ayudándome a desarrollar una propuesta para el libro, tarea tan atemorizante como lo fue mi primera propuesta de donaciones para los Institutos Nacionales de Salud. Mi agente, Helen Rees, ha sido infatigable en su apoyo a esta autora y al proyecto. Mi editor en Addison-Wesley, William Patrick, ha sido mucho más que un editor. Su entusiasmo me ha iluminado el camino, y su influencia ha estado presente en todos y cada uno de los aspectos del proyecto. Su apoyo, junto con la constante orientación que me brindó Larry Rothstein, me permitió disfrutar de una experiencia que pudo haber sido estresante. Lori Snell, Copenhaver Cumpston, Carolyn Savarese, Diane Hovenesian y George Gibson, de Addison-Wesley, han hecho que todos los aspectos relacionados con el proceso de escribir este libro — desde la producción hasta las relaciones públicas — fueran todo un placer. Gracias a todos ellos. Peter Rosenblatt, un estudiante de segundo año de medicina, hizo una magnífica labor al convertir en ilustraciones la serie de fotos que me tomó en el patio una lluviosa mañana de verano.

Ahora sé por qué los autores siempre terminan alabando la paciencia de sus familias. Agregar un libro a un horario de trabajo que ya es excesivo hizo que mis hijos, Justin y Andrei, se convirtieran en muy buenos cocineros. Sus esposas me lo agradecerán algún día. Mi hijastra, Natalia, también ha sido benévola al tener paciencia con mi horario, como también lo ha sido mi madre, Lillian. Mi esposo, Myrin, ha sido colega, asesor, solucionador de dificultades y conflictos, editor, terapeuta, cocinero en jefe y lavador de biberones. Su amor, su afecto y su apoyo hicieron que este proyecto se convirtiera en realidad.

Indice

No compre el amor;
regálelo.

La disciplina fortalece
la fe.